DU DROIT

D'ÉLECTION

ÉTABLI PAR LA CHARTE.

IMPRIMERIE DE PIHAN DELAFOREST (MORINVAL),

RUE DES BONS-ENFANS, N°. 34.

DU DROIT D'ÉLECTION

ÉTABLI PAR LA CHARTE;

EXAMEN

POLITIQUE ET PHILOSOPHIQUE

DES

PRÉTENTIONS DE L'ESPRIT RÉVOLUTIONNAIRE A CET ÉGARD,

MÊME DE CELLES QUE LA LÉGISLATION A SEMBLÉ SANCTIONNER;

ET RECHERCHE

DES VRAIS PRINCIPES QUI, SEULS,

DOIVENT RÉGIR CETTE MATIÈRE;

PAR M. LE CH^{ER}. DE FONVIELLE, DE TOULOUSE,

CHEVALIER DE L'ÉPERON D'OR,

Secrétaire perpétuel de l'Académie des Ignorans.

A PARIS,

CHEZ DELAFOREST, LIBRAIRE, RUE DES FILLES-ST.-THOMAS, N°. 7;
FAYOLLE, RUE DU REMPART, VIS-A-VIS LE THÉATRE-FRANÇAIS;
ET CHEZ L'AUTEUR, RUE RICHER, N°. 5.

NOVEMBRE 1829.

PRIÈRE

A MESSIEURS LES JOURNALISTES.

Cette Brochure sera déposée au bureau du *Constitutionnel*, du *Courrier Français*, du *Journal des Débats*, du *Messager des Chambres* et de la *Gazette de France* (1).

Je prie Messieurs les Rédacteurs de ces divers journaux qui me feront l'honneur de s'occuper de moi dans leur feuille, à l'occasion de ce nouvel écrit, de donner l'ordre que les numéros où ils en diront leur avis me soient adressés, avec mission à leurs porteurs d'en demander le prix, qui leur sera payé par mon portier.

Ne fréquentant ni café, ni cabinet de lecture, ni aucun lieu public quelconque; vivant très isolé, presque sans sortir de chez moi, même lorsque ma goutte ne m'y retient pas, comme dans ce moment; je ne saurais avoir, sans cet envoi, aucune occasion de connaître ce que ces Messieurs voudront bien m'adresser de complimens ou de critiques, dans leurs feuilles que je ne lis jamais que par hasard.

Je me déclare dispensé de répondre à ceux de MM. les Journalistes qui n'auront nul égard à la prière que je fais ici, non seulement à ceux ci-dessus désignés, mais encore, et à bien plus forte raison, à leurs trois ou quatre cents confrères qui, sous tant d'autres titres et sous tant de formes diverses, versent sur nous, sans mesure comme sans relâche, ces torrens de lumière, qui justifient si bien la superbe qualification que s'est donnée l'heureux siècle où nous avons l'honneur et le bonheur de vivre.

Le Chevalier de FONVIELLE.

(1) Je ne comprends dans cette liste ni *la Quotidienne*, ni *le Moniteur*, ni *le Drapeau Blanc*; abonné à deux d'entre ces journaux, ami de tous les trois, je compte sur leur justice autant que sur leur bienveillance.

A MES LECTEURS.

Cet ouvrage sera, sans aucun doute, tout aussi peu favorisé par nos journaux, grands ou petits, sérieux ou frivoles, que, depuis la restauration, l'ont été tous ceux que m'a dictés mon zèle inrebutable pour la défense des doctrines conservatrices de l'ordre et du bonheur publics.

Soigneux, dès long-temps, d'éviter le combat à outrance auquel, toutes les fois que nos malheureux débats politiques ont pris un caractère grave, je n'ai jamais manqué de l'appeler, en ennemi déclaré qui, depuis quarante ans, lui fait une guerre implacable, le journalisme en corps, réuni, par calcul, en un seul esprit, ayant en effet un même intérêt à défendre, laissera passer, sans avoir l'air de l'apercevoir, ma nouvelle brochure, qui va jusqu'à lui contester le principe même de son existence, sans distinction d'amis ou d'ennemis.

Vainement réveillée une centième fois, sa prudente colère imposera silence à ses rugissemens accoutumés contre qui a l'air de la craindre, plutôt que d'attirer sur moi, en se manifestant, l'attention du public lisant.

Je n'ai donc d'autre moyen de produire au jour les vérités aussi incontestables qu'utiles dont il me semble que mon nouvel écrit abonde, que de l'adresser à domicile aux personnes de qui je puis supposer que cet envoi obtiendra un accueil bienveillant; soit que des liaisons intimes m'assurent d'avance de leurs dispositions favorables; soit que les hommes distingués que j'inscris sur la liste de mes lecteurs, ne reçoivent pas avec indifférence le gage de vénération que je leur donne en les associant à mes efforts pour obtenir une publicité que me refuseront les journaux, et trouvent à propos de m'en récompenser, en propageant, dans le cercle honorable de leurs relations sociales, la connaissance d'un ouvrage dont, s'il a le bonheur d'obtenir leur suffrage, leur bon esprit les portera à seconder ainsi les bons effets que j'en ai espérés.

Ce moyen , je l'ai déjà employé plusieurs fois.

S'il ne m'a pas réussi autant que j'ai pu le souhaiter, sous le rapport de mon intérêt personnel , puisque jamais je n'ai recouvré mes frais d'impression , sur lesquels je demeure en perte d'une somme assez considérable ; du moins , sous le rapport, le seul précieux pour moi, de l'effet politique et moral de mes publications , il n'a pas trompé mon espoir : si j'ai perdu un peu d'argent, les journaux ont perdu le fruit de leur silence.

Mon sacrifice est fait à cet égard , et nul regret ne l'accompagnera, si je dois encore aujourd'hui avoir recommencé la guerre à mes dépens. Cependant, comme je n'attribue mes pertes antérieures qu'à cette paresse humaine, qui, presque toujours, met en défaut les combinaisons qui ne la comptent pas parmi les élémens de leur succès, je profiterai de l'avantage que je me suis donné d'avoir des lecteurs de mon choix, et je dirai :

1°. A mes amis ,

Que je compte sur eux, moins pour contribuer à mes frais d'impression , sur quoi je les laisse parfaitement libres , que pour en obtenir la consolation d'une visite, qui me dédommagera de la privation du plaisir de les voir que m'impose une goutte opiniâtre, qui, depuis sept mois et demi , me prive de mes pieds.

2°. Aux personnes de qui je ne puis me permettre de solliciter la même faveur, mais qui veulent bien m'honorer de leur estime et de leur bienveillance; ainsi qu'à celles de qui je ne suis connu que par mes écrits, et qui, toujours, en même circonstance, ont pris la peine de charger un de leurs gens de m'en apporter le prix,

Que je me félicite d'avoir cette occasion de leur en adresser mes remercîmens, et que je les prie de me permettre d'esperer que si elles veulent bien me continuer l'encouragement qu'elles m'ont accordé jusqu'ici, elles sont convaincues déjà que ce ne sera pas sous le rapport d'un minime intérêt pécuniaire que ma reconnaissance y mettra un prix infini.

3°. A celles à qui l'envoi d'une somme aussi modi-
que que le prix d'une mince brochure a paru
un soin trop au-dessous de leur attention ;

Que si elles persistent à en juger de même ; sans songer à m'en plaindre, je me réduis à les solliciter de vouloir bien communiquer mon ouvrage à leurs amis, après en avoir pris lecture, et favoriser ainsi sa publicité autant que cela pourra dépendre d'elles.

Je prendrai cependant la liberté de leur faire observer qu'il leur en coûterait peu de donner l'ordre à un domestique de m'apporter leur petit contingent, qu'il me serait presque impossible d'envoyer recueillir moi-même.

Si la seule minimité de l'objet continue de les en dissuader, ils peuvent diminuer le motif de leur retenue, soit en y ajoutant le prix de mes envois antérieurs, soit en me faisant demander ceux de mes ouvrages qui fixeraient leur attention sur la Notice de ceux dont je puis encore disposer, qui se trouve à la suite de ma brochure, soit même en y joignant leur souscription à la nouvelle édition de mon *Recueil de Fables*, dont l'annonce itérative se lit au bas de ma dernière page.

4°. Enfin, aux personnes qui trouveront étrange
le moyen que j'emploie pour avoir des lecteurs,

Que je conçois très bien que cet art, qu'on a poussé à sa dernière perfection dans ce siècle admirable, qui n'eut pas son pareil dans les temps antérieurs, et qui, sans aucun doute, sera le parangon perpétuel des âges à venir, l'art de déraisonner, trouve à s'égayer à propos d'un écrivain, qui, ne pouvant vendre ses livres, les donne sans regret à ceux qui ne veulent pas *prendre la peine* de les payer.

Mais les gens de bon sens, les gens honnêtes, justes, *vraiment libéraux*, qui, quoi qu'en pensent ceux qui nous inondent de toutes sortes de poisons moraux, forment la masse des lecteurs, dans laquelle ceux qui se plaisent au désordre de notre polémique ou politique ou littéraire, ne sont qu'une exception, prendront parti pour cet écrivain qui ne doit qu'à son caractère franc et désintéressé, à son mépris pour tout esprit de coterie, à sa fidélité aux seules doctrines que puisse avouer la raison, à son besoin d'indépendance, d'isolement, d'estime de soi-même, la nécessité de se créer lui-même des moyens de publicité, dont tant d'autres, avec moins de titres que lui, sont largement dispensés d'user, grâce à la camaraderie qui se charge de les recommander à la faveur publique.

A tout prendre, cependant, c'est une singularité quelque peu remarquable que l'audace d'un homme qui, seul, ose braver, depuis quarante ans, la puissance la plus formidable de notre temps, puissance devant laquelle tremblent comme la feuille d'automne qu'agite le vent précurseur des tempêtes, ceux qui, pouvant l'étouffer au berceau, se sont eux-mêmes appliqués à la faire grandir pour en devenir les esclaves.

Je l'ai bravée, non pas impunément, diront certaines gens qui ne jugent rien qu'avec leur journal, comme M. Guillaume qui n'inventait la couleur marron qu'avec son teinturier : je l'ai bravée et je la braverai jusqu'au dernier soupir, sans crainte d'avoir jamais à m'en repentir, puisque, de-là, me restera un genre d'originalité qui recommandera ma mémoire, quand il ne restera plus rien des renommées de fabrique qui font tant de fracas.

Je n'ai rien à reprocher au journalisme ; il me doit sa haine, en retour de celle que je lui porte, comme le principal, je devrais dire comme le seul auteur des désordres de notre époque.

Je lui pardonne son silence, puisqu'il ne sait pas répondre autrement à mes provocations à un combat à mort sur son propre terrain.

Je laisse les hommes d'honneur et de courage, décider si c'est à tort ou à raison qu'on voudrait trouver à redire à mes distributions à domicile, laissant ceux à qui je les fais libres de ne considérer mes envois que comme un gage du prix que j'attache au suffrage des gens de bien.

AVANT-PROPOS.

Que le régime établi par la Charte constitue, en effet, comme on l'a prétendu jusqu'ici sans contradiction, *un gouvernement représentatif;* ou bien, comme nous le pensons et comme nous le prouverons, qu'en réalité, il n'en résulte, au fond, en y regardant bien, autre chose *qu'un régime consultatif;* cela n'est d'aucune importance pour l'examen auquel nous allons nous livrer.

- Des élections doivent avoir lieu, dans l'un comme dans l'autre cas, pour former une chambre des députés des départemens appelée à concourir, par son suffrage, à la formation des lois : à quelque titre que doive s'exercer ce concours, les règles auxquelles doit être assujetti l'exercice du droit d'élire doivent être les mêmes ; et les mêmes aussi sont nécessairement les principes qui doivent garantir *l'indépendance des électeurs.*

Avant de rechercher quels sont ces principes et quelles règles en découleront, nous examinerons ce qu'ont pu avoir de dangereux, soit les prétentions manifestées impérieusement, à cet égard, par l'esprit révolutionnaire, qui n'a pas manqué de voir, dans le droit d'élection, un levier au moyen duquel il pourrait, dans l'intérêt de ses passions, soulever les masses populaires ; soit les concessions que le gouvernement a eu l'imprudence de lui faire.

Cet examen sera toutefois précédé par diverses remarques qui réclament la priorité, comme pouvant aplanir la route difficile que nous avons à parcourir, et par la solution préliminaire de quelques questions importantes que ces mêmes remarques nous donneront lieu d'agiter.

DU DROIT
D'ÉLECTION

ÉTABLI PAR LA CHARTE.

FAISONS d'abord une remarque, jusqu'ici échappée aux docteurs du libéralisme, à moins qu'il ne faille mettre sur le compte de leur orgueil ce qu'ils se sont exposés volontairement à ne voir imputer qu'à leur défaut de clairvoyance.

Toutes les opinions, toutes les classes de Français jouissant ou non du droit d'élection, tel qu'il existe depuis quinze ans, et le gouvernement lui-même se sont accordés pour ne voir, dans l'art. 40 de la Charte, que la concentration de ce droit sur environ quatre-vingt mille contribuables, désignés, dans les rôles des contributions directes, par leurs cotisations personnelles, au minimum de 300 francs.

Il est cependant manifeste que cet article n'a fait autre chose que poser le principe de l'élection, laissant à un acte subséquent de la puissance royale, d'où lui-même il émane, le soin d'en faire l'application avec les développemens convenables ; et qu'il n'a eu pour objet que de fonder, sur un cens déterminé, la capacité électorale des électeurs *qui concourraient à la nomination des députés.*

Pesez bien chacune de ces expressions : *Les électeurs qui concourront,* etc., et dites-moi s'il n'en résulte pas clairement :

1°. Que la Charte suppose des électeurs *qui ne concourront pas ?*

2°. Que ceux *qui concourront* doivent avoir reçu pour cela un pouvoir spécial ?

3°. Que, par conséquent, ils forment un second degré d'élection ?

4°. Enfin, qu'il y a virtuellement, dans cet article 40, un premier degré d'électeurs qui ne seront pas sujets à la condition d'un cens de 300 francs imposé à ceux du deuxième degré, auxquels seul appartient *de concourir à l'élection des députés ?*

Quels seront les électeurs du premier degré ? quelles conditions auront-ils à remplir ? à quel cens seront-ils soumis ? où se réuniront-ils ? etc.... Ce sont autant de questions dont l'article 40 a renvoyé la solution à un acte subséquent de la puissance royale, laquelle a conservé, à ce sujet, toute la latitude possible : toujours est-il que, pour être apte *à concourir à la nomination des députés*, il faut payer 300 francs de contributions directes ; mais que le droit *de concourir à cette nomination* n'appartient pas à tous ceux qui paient ce cens.

S'il en était autrement, la Charte aurait dit : Sont électeurs de droit, et *concourent également à la nomination des députés des départemens*, tous Français ayant telles capacités, *et payant* 300 *francs de contributions directes.*

Au lieu de cela elle dit : Les électeurs *qui concourront à la nomination des députés* doivent, etc... ; encore une fois, il est donc évident qu'elle a entendu, par-là, de la manière la plus formelle, qu'il y aurait des électeurs *qui ne concourraient pas*, etc.

Or, quels peuvent être ces électeurs, si ce ne sont ceux qui, joints à ceux payant 300 francs et au-delà, désigneront, non les députés, *à la nomination desquels ils ne doivent pas concourir*, mais des électeurs choisis, parmi ceux payant 3oo fr. au moins, pour faire cette nomination?

Si nous ne nous trompons pas, il nous semble qu'il y a là, pour le gouvernement, un moyen de dérouter les cabales scandaleuses qui, à l'époque des élections, agitent toute la population électorale de la France, et mettent, en quelque sorte, le résultat de cette agitation et la composition de la chambre élective à la merci d'une poignée d'intrigans qui se sont arrogé le droit et forgé le pouvoir d'imposer à-la-fois à toutes les assemblées électorales les choix qui répondent le mieux à l'esprit de domination et aux passions qui les animent.

Nous comprenons bien que cette manière de lire l'art. 4o de la Charte pourrait, si la découverte ou la révélation en étaient dues au libéralisme, donner à ses rhéteurs la tentation d'y chercher un moyen d'envenimer les troubles qu'ils n'ont cessé de fomenter depuis 1815, plutôt que d'y voir, comme nous, un point d'appui, pour le gouvernement, contre leurs intrigues électorales.

Si ceux qui, en 1814, allèrent au devant de Louis XVIII, pour persuader à ce prince qu'une Charte, que personne ne lui demandait, serait pour lui un grand moyen de popularité, avaient été conséquens, lorsqu'ils furent chargés de mettre en action cette Charte (1), qui se prête à tant d'inter-

______

(1) « Monsieur, me dit un jour un pair de France cloué sur sa chaise longue par la goutte, comme je le suis moi-même en ce moment, c'est moi qui ai fait la Charte et qui l'ai mise en action avec M. de Montesquiou. — Je vous en fais compliment, lui répondis-je, mais franchement, Monsieur, j'aime mieux que ce soit vous que moi. — Vous n'êtes donc pas royaliste constitutionnel, me répliqua-t-il? — Constitutionnel! pardonnez-moi,

prétations contradictoires; si, ayant compris comme nous cette Charte, ou n'ayant pas reculé eux-mêmes devant ses conséquences palpables, ils avaient dirigé dans le sens que nous lui donnons, et qui est le seul véritable, les premiers actes de sa mise en action; il est sans doute infiniment probable que, pour se montrer dignes de l'école révolutionnaire où ils avaient appris leur métier d'hommes d'état selon le siècle, et pour ne pas se dépopulariser auprès de la faction à laquelle ils n'ont jamais cessé d'appartenir, en paraissant avoir perdu de vue les grands principes d'où s'engendre sa turbulence, ils auraient formé un second degré d'élection des électeurs *concourant à la nomination des députés*, et auraient trouvé le premier dans la résurrection des assemblées primaires et des trois journées de travail de 1791.

Leur seul orgueil, nous n'en saurions douter, nous a sauvés de ce danger.

Modifiées par le régime impérial, sous lequel s'était achevée leur fortune commencée par la révolution, leurs mœurs originelles avaient perdu de leur sauvagerie; façonnés au pouvoir d'un seul, ainsi qu'aux distinctions sociales qui en sont l'appanage, et auxquelles ils avaient eu une si grande part; l'idée de se retrouver membres de ces assemblées populacières, où s'était pourtant préparée leur élévation, dut nécessaire-

---

Monsieur; puis-je ne le pas être, en ma qualité de royaliste, puisque le roi a appelé sa Charte une constitution? Je suis constitutionnel comme je serais *éditiste* s'il lui avait plu d'intituler *édit* ce que vous me dites être votre ouvrage, ou si jamais il s'avisait de perfectionner, par un acte de sa pleine puissance portant ce titre, ce chef-d'œuvre qui en a tant besoin. » Le pair de France ne répliqua pas et la conversation changea d'objet.

ment leur répugner, comme trop en opposition avec leur position actuelle, et comme ne pouvant sourire qu'à des nouveaux venus, cherchant, après eux et comme eux, à se fabriquer un nom, une existence dans l'atmosphère des troubles politiques.

Remâchant leur art. 40, dont ils n'avaient pas senti toute la portée, lorsqu'il fut, par eux ou avec eux, improvisé dans une auberge, ils le comprirent enfin, et ils en escamotèrent adroitement la stricte exécution, en mettant à la place, pour amuser les niais du parti, ou pour les empêcher de pleurer comme des enfans, un nouveau joujou, *l'élection directe*, qu'ils érigèrent en dogme libéral, et s'attachèrent à faire envisager, par les adeptes révolutionnaires, comme une précieuse conquête sur l'aristocratie et sur l'absolutisme; à quoi ils réussirent complètement, tant est aveugle et sotte la crédulité de cette tourbe libérale, qui ne sait ni agir ni même penser sans l'impulsion de ses meneurs !

Le succès de cette jonglerie a été tel, qu'aujourd'hui, aux yeux du troupeau libéral, *l'élection directe* est l'un des produits de la Charte auquel il met le plus de prix; quoique la Charte ait voulu positivement le contraire.

Nous en trouvons la preuve dans tous les écrits, dans tous les journaux, dans tous les recueils périodiques qui ont parlé des élections.

Revoyez tout ce qui a été dit contre la création des colléges départementaux, vous y retrouverez partout le même sujet de reproche, la violation du principe de l'élection à un seul degré (1), c'est-à-dire, de *l'élection directe*.

---

(1) Ils ont appelé un second degré d'élection les colléges départementaux.

Voyez pag. 11, l'art. 2 d'une brochure publiée le 1ᵉʳ. janvier 1828, sous le titre de *Revue trimestrielle*, où l'on a consacré vingt grandes pages à l'examen des élections de 1827. Non seulement on y prétend que c'est à ces élections que la France doit *de se trouver délivrée d'une mortelle angoisse*; mais encore on y signale, comme l'un de leurs résultats le plus essentiel, le maintien, par la nouvelle loi électorale, du principe vivifiant de *l'élection directe*.

Ce principe de *l'élection directe*, dans laquelle les royalistes se seraient volontiers réfugiés en 1791, contre celui de la souveraineté du peuple, mis en action par l'institution des assemblées primaires, le voilà donc en vénération parmi les révolutionnaires de 1829!

D'où cela provient-il?

Rien de plus clair, rien de plus simple.

Cela provient d'abord de la niaiserie et de la stupide docilité de cette masse ignorante qui ne se donne pas la peine de penser, s'en rapportant à des chefs de file qui l'endoctrinent et la font mouvoir à leur gré; ensuite, de la facilité que les grands meneurs de la bande ont trouvée dans le rétrécissement de la sphère électorale, pour soumettre à leur influence au plus quatre-vingt mille contribuables, ayant seuls des droits politiques, au milieu d'une nation de trente-deux millions d'individus comptés pour rien, dans un ordre de choses prétendu

---

Cela ne prouve autre chose si ce n'est qu'ils ne savent pas ce qu'ils disent et que les mots qu'on leur enseigne ils les répètent comme des sansonnets, sans y chercher aucune idée. Il n'y a dans les colléges départementaux comme dans ceux d'arrondissement qu'un seul degré; c'est toujours l'élection directe, n'y ayant pas d'électeurs par délégation.

fondé cependant sur le principe à jamais chimérique de l'égalité de tous devant la loi.

Sans doute, si la faculté électorale s'exerçait dans un plus vaste espace, et descendait jusqu'aux rangs les plus inférieurs de la classe des propriétaires, il y aurait des cabales, des intrigues, des luttes d'intérêts, d'amour-propre, d'opinion, même de parti, dans chaque assemblée d'électeurs, soit de premier, soit de deuxième degré; mais ces luttes, ces intrigues, ces cabales, dont il est impossible de dégager cette institution, sans abjurer certains principes, dont nous aurons plus loin l'occasion de nous occuper, et qu'il faut par conséquent se résoudre à subir, comme effet, tant qu'on en conservera la cause, ne dépasseraient nulle part le cercle des passions et des rivalités locales; elles seraient donc loin de donner prise au scandale qu'offre depuis quelques années un pouvoir occulte en apparence, mais dont l'action constante frappe tous les regards, ayant ses finances, ses émissaires, ses moyens de communication avec ses agens répandus dans tout le royaume, partout obéi sans examen, sans hésitation, sans réserve, et uniquement occupé de contrarier, dans tous ses actes et dans toutes ses vues, le gouvernement, auquel il refuse le droit d'agir, de son côté, pour contrebalancer ces machinations ennemies.

Mais en considérant avec attention cet empire, qu'à l'époque des élections, Paris, par ses journaux jacobins, par son comité directeur, âme invisible mais non pas impalpable de ce grand mouvement, exerce sur toutes les assemblées électorales, on découvre qu'il n'en est redevable qu'à *l'élection directe*, qui lui permet d'étendre son action sur moins de cinq cents colléges d'arrondissement ou de département, dont le personnel, étudié de longue main par ses correspondans locaux, leur est parfaitement connu ; ce qui lui serait moralement et physiquement impossible, comme dépassant toute mesure des forces humaines, s'il avait à soumettre à sa domination, par les mêmes moyens, d'abord trois mille assemblées cantonnales, où s'exercerait le premier degré d'élection sur lequel son influence, si, chose au moins fort douteuse, il pouvait en acquérir une, serait presque sans importance ; et ensuite, quatre-vingt ou quatre-vingt-dix colléges départementaux, formant le deuxième et dernier degré, et dont les membres, inconnus aux meneurs de cette vaste intrigue jusqu'à la clôture des assemblées cantonnales, n'auraient pas le temps de tomber dans les piéges de la faction, leur réunion au chef-lieu des départemens devant avoir lieu immédiatement, et n'y durer que le temps strictement nécessaire pour la nomination des députés.

Nous partirons de là pour inviter le gouvernement à méditer sur l'opinion que nous ne craignons pas de manifester en faveur du sens littéral de la Charte.

Si nous avions pu nous flatter qu'il accueillerait cette idée, nous nous serions déterminé sans peine à lui présenter, comme essai de la facilité de revenir à ce sujet sur tout ce qui s'est fait depuis quinze ans, l'édit ou les lettres-patentes, ou la déclaration du Roi, ou même, si on l'eût préféré, le projet de loi qui devrait opérer cette grande révolution dans notre système électoral. Nous nous bornons à en suggérer l'idée, laissant au gouvernement lui-même le soin d'en préparer l'exécution, son adoption lui paraissant, comme à nous, un moyen infaillible de réduire la faction éternelle à la plus complète impuissance, en arrachant de ses mains son arme la plus dangereuse.

Ce dont nous ne saurions admettre la possibilité de nous dispenser, c'est de faire sentir les avantages qu'aurait une telle mesure pour le ministère actuel, que les écrivains du parti ne cessent d'accuser de vouloir *renverser l'édifice constitutionnel, anéantir* ce qu'ils appellent *les libertés publiques*, *et révoquer la Charte pour lui substituer le régime des ordonnances.*

1°. En ramenant l'exécution de la Charte à son sens littéral, qui (ce qui n'est pas contestable) exige deux degrés d'élection, l'accusation de vouloir la détruire tombera d'elle-même.

2°. On ne manquera pas de substituer à cette accusation celle de lire cette Charte à contresens, et d'y trouver ce qu'elle n'a pas dit : mais, ici, l'avantage restera au ministère, qui aura pour lui la raison, la logique et la vérité, et, par conséquent, l'évidence; de plus, pour soutenir sa cause contre quatre-vingt mille privilégiés, en admettant que tous, et non pas seulement l'infiniment plus petit nombre d'entre eux, voulussent défendre, contre lui, leur injuste prérogative, il aura la masse entière des contribuables, qui lui saura gré de l'avoir retirée de l'état humiliant d'ilotisme où l'a condamnée jusqu'ici la plus fausse application possible de la Charte, *cette élection directe*, à côté de laquelle tout droit politique est interdit à la presque totalité des sujets du Roi.

3°. La nation, au nom de laquelle nous sommes, depuis le 9 août, assourdis des clameurs anarchiques du journalisme abandonné sans frein à sa fougueuse intempérance, ne se composera plus uniquement de 80,000 électeurs, seuls directement intéressés à ce fracas étourdissant : elle comprendra désormais la population presque entière; ce qui donnera moins de prise sur elle aux factieux qui conspirent contre son repos : car, qu'on veuille bien le remarquer, indépendamment de l'obstacle invincible qu'opposerait, aux machinations d'un comité directeur, cette extension de la faculté électorale et sa division en deux degrés, dont le dernier, par le seul effet de l'ignorance de ce qu'au moment décisif sera son personnel, échapperait aux pernicieuses influences de ce pouvoir occulte; la classe la moins corrompue des contribuables, celle qui, à la vue de nos princes, fait éclater sa joie et les salue par ses acclamations, par ses cris de *vive le Roi!* celle qui remplit nos églises dans les jours de solennité religieuse, celle à laquelle on n'a pu parvenir à désapprendre la langue de la fidélité, celle qui est la moins susceptible d'épouser les passions brutales et hostiles qui auraient pour objet de mettre la monarchie ou la religion en péril, de susciter des embarras au gouvernement du Roi, de faire obstacle à son action toujours sage, toujours bienveillante, toujours salutaire, quand rien ne la détourne de sa direction naturelle, est précisément celle que *l'élection directe* met à l'écart.

Les rêves politiques ou anti-religieux du philosophisme moderne ne sont point descendus jusqu'à elle ; tandis, au contraire, qu'ils se sont, non pas universellement, tant s'en faut, mais presque exclusivement emparés de la région moyenne où se trouvent les électeurs à 300 francs.

Il n'y aurait donc qu'à gagner, pour le ministère, à se populariser par une mesure qui mettrait dans ses intérêts la partie la plus nombreuse et la plus saine de la population.

Dans l'état de querelle où nous sommes, depuis qu'on a

commis le crime de ressusciter artistement la révolution , bien et dûment tuée et enterrée en 1814 , il est une règle applicable à la solution politique de toutes les questions qui peuvent présenter quelques difficultés : c'est de prendre le contrepied de ce qu'en pense le libéralisme.

En thèse générale, on ne risque pas de se tromper à résoudre ces questions dans le sens opposé à celui des docteurs jacobins ; témoins la question des jésuites, celle de la Grèce, celle de la guerre de Turquie, celle de la légitimité de don Miguel , celle de la liberté de la presse , celle enfin de la composition du ministère actuel. Le meilleur argument pour ou contre , dans chacun de ces cas , c'est l'opinion libérale qui le fournit. Concluez , sans crainte, pour l'opinion contraire, vous serez toujours sur la ligne du juste, de l'utile et du vrai.

Appliquant cette règle , à-peu-près infaillible, à l'objet dont nous nous occupons , nous disons avec assurance : *l'élection directe* est devenue un dogme libéral ; le parti révolutionnaire réclame *l'élection directe* comme un droit fondé sur une concession royale qui ne peut lui être retirée (1); donc *l'élection directe* ne nous convient pas; donc, si nous devons rester soumis à un régime électoral, *l'élection à deux degrés* , telle que la Charte la fonde en termes formels et sans aucune espèce d'équivoque , est celle qu'il faut nous donner.

Il y aurait lieu ici à examiner une autre question à la-

______

(1) De toutes les idées bizarres de la secte, celle-là est la plus extravagante. J'aurai, je l'espère, l'occasion d'en faire justice dans un autre écrit ; je ne puis pas tout dire dans celui-ci, d'où j'aurai le soin d'élaguer tout ce qui n'y sera pas indispensable.

2

quelle la même règle peut également s'appliquer : c'est celle du rôle que la législation électorale a fait jouer jusqu'ici à l'impôt des patentes.

Les libéraux, pourrions-nous dire, veulent que cet impôt appartienne au système des contributions directes ; ils mettent une importance extrême à le maintenir dans la faculté qu'on lui a aussi imprudemment qu'illégitimement laissé usurper, de contribuer à créer des électeurs et des éligibles ; donc il faut lui retirer cette faculté et le restituer à la catégorie des contributions indirectes auxquelles il appartient réellement.

Nous n'exprimons néanmoins aucune opinion à cet égard. Le gouvernement étant mieux situé que nous pour juger du plus ou du moins de difficulté qu'il y aurait, quant à présent, à revenir sur ce qui existe à ce sujet, depuis la mise en activité de la Charte, nous le laissons juger lui-même la question (1).

____

(1) Cette question a été agitée dans *la Quotidienne*, avec laquelle le *Courrier français* a eu l'air de consentir à la discuter; *la Quotidienne* a puisé ses raisons dans l'ordre métaphysique, en cherchant dans la contribution directe la mesure de l'intelligence et de l'intérêt de l'électeur. Sans m'élever si haut, je m'attacherai uniquement à la matérialité de l'impôt, et j'espère forcer ceux qui veulent que les patentes soient un impôt direct, à s'avouer vaincus, au moins par leur silence.

Définissons d'abord l'impôt indirect.

L'impôt indirect est celui qui, en définitive, est supporté par le consommateur sur lequel il est perçu indirectement et même imperceptiblement par le producteur ou par le spéculateur, qui en font l'avance pour lui, pour s'en rembourser ensuite par voie d'augmentation du prix de la chose imposée.

Demandez à qui vous voudrez si, marchandant un objet quelconque dans une boutique du Palais-Royal ou ailleurs, et se récriant sur le prix demandé, eu égard à ce qu'il se vend en fabrique, ou même seulement dans son endroit si c'est un étranger que vous interrogez, il ne lui est pas arrivé

Il en est une sur laquelle nous serions un peu plus sûr de notre fait, mais sur laquelle cependant nous garderons la même réserve, c'est celle de la *septennalité*, dont *la Revue tri-*

---

toujours d'entendre le marchand excuser son plus haut prix par les dépenses auxquelles son commerce est soumis, particulièrement par sa patente que renchérit encore son loyer plus coûteux que dans la province.

Est-il un seul des habitués de nos marchands de vin de Paris qui, entré dans un cabaret pour demander une bouteille qu'on lui fait payer 15 sous au lieu de 8 sous qu'il la paierait hors des barrières, ne sache très bien que les 7 sous qu'il paie de plus sont sa quote part des impôts dont le marchand de vin a fait pour lui l'avance, soit à la barrière pour le droit d'octroi, soit chez le percepteur de son arrondissement, pour sa patente?

Voilà ce que c'est que l'impôt indirect; c'est celui qu'un producteur ou un spéculateur paient, à cause de leur commerce, sans lequel ils en seraient exempts, et dont ils se remboursent sur les consommateurs, par voie d'augmentation du prix de la chose vendue.

Il n'y aurait pas eu lieu à une telle discussion et l'administration n'aurait pas commis la faute de comprendre le droit de patente dans la catégorie des impôts directs, si, comme on l'a fait assez légèrement, on n'avait pas perdu de vue l'histoire de l'établissement de ce droit.

On aura à remarquer, d'abord, si on prend la peine de lire les discussions législatives qui eurent lieu à cette époque, que, nul ne pouvant se douter alors que cet impôt deviendrait un jour la matière d'un droit politique, il n'y eut pas une seule opinion qui ne reconnût, en principe, que c'était un impôt indirect qu'il s'agissait de décréter.

Il fut établi en février 1791, à titre de remplacement des droits d'aides qui furent supprimés. N'y ayant nul motif alors pour obscurcir une vérité qui frappait tous les yeux, il eût été difficile que quelqu'un eût songé à refuser à ce droit de patente de n'être, de fait et de droit, autre chose qu'un impôt indirect.

Arrivant à l'exécution du décret qui en ordonna la perception, le gouvernement en usa, à son égard, comme, plus tard, à l'égard du droit sur les cartes, que fit établir le ministre Ramel sous le Directoire. La perception en fut confiée à la régie des domaines, formant avec celle des douanes *mestrielle*, que nous avons déjà citée, fait honneur, page 17, à un personnage que l'auteur de l'article a cru désigner suffisamment à ses lecteurs, en le qualifiant *un homme qui, jeté au sein du ministère* (Villèle), *le dépassait de ce QU'un géant dépasse des pygmées.*

Cet homme, on lit un peu plus loin qu'il se nomme Châteaubriand; en sorte que voilà M. de Châteaubriand, qui à coup sûr ne s'en doute pas, transformé en géant de libéralisme !

Ici, il n'y a ni à hésiter, ni à se tromper sur ce qu'il faut penser *du renouvellement intégral et de la septennalité.*

---

l'une des deux branches uniques de notre système des impôts indirects de ce temps de démolition.

Pas de doute que si, à cette époque, il avait existé une régie des droits réunis, c'est à elle qu'eût été donnée la perception du droit de patente; et cette perception lui serait restée comme seule à portée, par son personnel de surveillance, d'en écarter la fraude des fausses déclarations ou des déclarations omises.

On s'aperçut bientôt que le personnel des domaines et de l'enregistrement n'était pas organisé de manière à écarter cette fraude; mais comme on ne pouvait créer une administration spéciale pour cet impôt indirect, l'unique alors de son espèce, on le transporta à l'administration des contributions foncières et mobiliaires, avec lesquelles il se trouvait avoir une sorte d'analogie, quant à sa forme, étant perçu sur des rôles de cotisation, quoiqu'il en différât essentiellement par sa nature et par ses conséquences.

Lorsque Buonaparte ressuscita le système des contributions indirectes et créa une régie des droits réunis, ce ne fut que par oubli que les patentes ne furent pas données à cette régie. Ceux donc qui, il y a quinze ans, ont compris les patentes parmi les contributions directes et ceux qui, aujourd'hui, veulent défendre par raisons ce classement, fruit de l'erreur la plus manifeste, ne furent ou ne sont que des ignorans, n'ayant aucune notion claire de notre système financier.

Voici ce qu'en pense l'écrivain libéral qui fait un pygmée de M. de Villèle, et un géant de M. de Châteaubriand.

Après avoir déclaré l'opposition de cette époque *un parti impérissable, parce qu'il est celui de la justice et de la vérité* (1); après avoir caractérisé conséquemment à cette révoltante absurdité la majorité royaliste; il s'exprime ainsi :

« C'est à la tête de cette majorité que le ministère du côté
» droit commit des fautes sans nombre, qui placèrent dans un
» jour éclatant l'incapacité de ses chefs, mais surtout leur
» incompatibilité avec la sécurité et la prospérité publiques.
» Nous n'essaierons pas d'énumérer les fautes de ce ministère :
» d'autres s'apprêtent à dresser son acte d'accusation, mais il
» nous appartient de raconter comment, *enfant imbécille,*
» *il se suicida de ses propres mains, par l'institution du re-*
» *nouvellement intégral et de la septennalité.* »

Voilà donc ce *renouvellement intégral*, voilà donc cette *septennalité*, acceptés, accueillis par la révolution, comme des armes qu'elle doit tenir en réserve dans son arsenal pour ses jours de combat contre la monarchie!

Nous appliquerons à cette découverte précieuse la rè-gle dont nous avons parlé plus haut; et nous le faisons

---

(1) A quoi, dans un temps tel que le nôtre, n'est pas condamné un homme de sens qui veut lire les élucubrations libérales qui tombent sous sa main! Les successeurs, les héritiers sans bénéfice d'inventaire des pendeurs de 1789, des incendiaires de 1790, des assassins de 1793 (car nos libéraux *les plus nettement prononcés* ne sont pas autre chose, et il leur serait impossible de désavouer cette filiation et de répudier cet héritage), qualifiés sérieusement le parti de la justice et de la vérité! et cela après quarante ans de révolution et sous le règne paternel d'un frère du malheureux Louis XVI! On reste stupéfait devant ces choses là.

avec d'autant plus de confiance dans l'infaillibilité presque universelle de cette règle, qu'examen fait sérieusement de ces deux innovations dont le libéralisme s'est si facilement accommodé, les raisonnemens les plus décisifs sont venus ajouter à notre conviction de la nécessité de rentrer ici dans les prescriptions formelles de la Charte.

Nous avouons que Louis XVIII aurait fort bien pu se dispenser de nous faire subir tous les ans une assemblée législative.

Nous confessons qu'une fois les moyens de faire face à toutes les dépenses de l'État assurés au trésor royal par le vote des impôts qui doivent y pourvoir, il aurait pu donner à ses peuples et à ses ministres quelques années de repos, et ne convoquer ses deux chambres qu'à des époques plus ou moins éloignées ; par exemple, de cinq en cinq ans, ou de sept en sept ans, ou lorsque quelque circonstance imprévue en nécessiterait la convocation immédiate.

Nous avouons encore qu'il aurait pu trouver, dans le système législatif de l'empire, beaucoup mieux que ce qu'il nous a donné.

Nous reconnaissons enfin qu'avoir à supporter annuellement ce qu'on a appelé *une bataille des élections*, dans un cinquième de la France, indépendamment de ce que les décès ou les démissions peuvent exiger occasionnellement dans les autres départemens, est aussi fatigant pour les électeurs que pour le ministère ; et nous concevons que la perspective d'un repos de sept ans ait pu déterminer à acheter ce repos au prix du sacrifice de la sécurité qu'offrait *le renouvellement par cinquième*, comparée au danger redoutable attaché *au renouvellement intégral...*

Mais, lorsqu'a été inventé celui-ci, la joie libérale, quoique sans proportion avec sa cause, puisque, comme cela aurait pu être un jour si rien n'eût arrêté le cours des concessions faites depuis quinze ans à la révolution, une subversion mortelle n'a pas été le résultat immédiat des élections de 1827; cette joie qui devance un triomphe dont on ne fait pourtant qu'entrevoir l'espérance; cette joie qui nous donne la preuve inquiétante que, démentant son caractère impatient, la révolution a appris à attendre que ce qu'on a semé sur son terrain porte ses fruits; cette joie, en un mot, par laquelle, à son tour, se trahit elle-même cette fille d'enfer, nous est un avertissement d'après lequel nous appelons l'attention la plus sérieuse de la part du gouvernement sur cette innovation.

Elle a eu pour prétexte et, au premier coup-d'œil, elle a même pour effet apparent de soulager chaque année le ministère des fatigues d'un renouvellement par cinquième, non pas pendant sept ans, mais d'un renouvellement intégral à un autre; ce qui, à en juger d'après notre histoire parlementaire depuis quinze ans, n'est qu'une vraie chimère ou n'offre tout au moins qu'un espoir bien frivole, lequel, d'ailleurs, par les risques qui y sont attachés, se trouve lui-même payé bien au-delà de sa valeur.

Mais considérez attentivement l'état de conspiration obstinée où se maintient, sans variation, sans relâche, un parti auquel rien ne coûte, auquel rien ne répugne pour satisfaire la soif de domination qui le dévore : mesurez les effets possibles du désordre des opinions dans lequel nous ont enfoncés de concert, et ce déluge de mauvais livres et ce cynisme des journaux dont on nous a forcés de subir les intolérables abus, auxquels on a fini par nous assujettir légalement, les proclamant une nécessité de notre constitution politique; et demandez-vous ensuite si, d'après l'expérience de ses quinze dernières années, la France, désormais tranquille sur son avenir, peut se croire assez sûre qu'un esprit de suite, que rien ne pourra plus ni dévier ni faire reculer, maintiendra son gouvernement dans la direction réparatrice que lui a imprimée la nomination du ministère reconstitué le 8 août, pour n'avoir pas à craindre qu'un jour puisse arriver où, couronnant enfin les vœux et les efforts des ennemis du trône, la révolution sortira tout-à-coup, armée de pied en cap et subitement rajeunie, des urnes électorales *du renouvellement intégral.*

« *Le renouvellement partiel,* dit l'auteur de l'article de la
» *Revue trimestrielle* déjà cité, avertit le ministère des mou
» vemens cachés de l'opinion; il lui signale à l'avance, le
» danger qui le menace; il *le tente* par-là *d'altérer* ou de
» changer la loi des élections. Avec *le renouvellement partiel*
» le courage manque aux faibles..... etc. *Le renouvellement*
» *intégral* est exempt de ces inconvéniens. IL EST ÉMINEM
» MENT DÉMOCRATIQUE, et c'est chose merveilleuse de
» voir une innovation de cette nature, qu'un ministère libéral
» n'aurait hasardée qu'en tremblant, offerte sans hésitation
» par un ministère *qui professe* UNE PARTIALITÉ DÉCIDÉE
» *pour la prérogative de la couronne.* »

Nous livrons cette profession de foi d'un des docteurs de la révolution, à la méditation d'un ministère royaliste, et nous nous abstenons de prononcer nous-même une opinion à cet égard.

Disons un mot, un dernier mot, d'une innovation du

même genre dont on a supposé que ce ministère s'est occupé dès son avènement. C'est la réduction à trente ans, au lieu de quarante, de l'âge requis pour être nommé député.

Nous avons lu ce que les journaux amis ont opposé aux journaux ennemis, en faveur de ce changement, et nous ne dissimulerons pas que cela ne nous a nullement rassuré sur ses funestes conséquences, à jamais irrémédiables peut-être, advenant qu'on se fût trompé sur la bonté présumée d'une mesure dont l'expérience viendrait démentir les promesses, révéler l'imprudence et constater les effets désastreux.

Nous ne trouvons rien de relatif à cette idée dans l'*Examinateur des résultats des élections de 1827*; nous y lisons seulement, page 26, cette phrase singulière : « *On a remarqué* » *que tout tourne à la démocratie entre les mains des hom-* » *mes du côté droit* (1). »

Nous soupçonnons que si, au 1er. janvier 1828, date de cette brochure, il avait été question de rabaisser à trente ans l'âge d'éligibilité des députés, et si toutefois la proposition en avait été faite par des royalistes (2), l'auteur de l'article dont

---

(1) Ingrats que vous êtes! si cela est, de quoi vous plaignez-vous donc? Laissez aller plutôt ces *hommes du côté droit*, puisqu'ils font si bien vos affaires, sans les avertir de leur sottise!

(2) Cette condition est de rigueur pour la supposition que nous faisons ici. En effet, remarquez bien cela : la même règle que nous avons posée pour guider l'opinion royaliste, les révolutionnaires l'ont adoptée pour éclairer l'opinion libérale. Ce que nous désirons, ils le repoussent sans autre examen; rien n'est plus naturel, rien n'est plus conséquent que cela, des deux parts : les mœurs, les vœux, les besoins, les affections, les goûts, le but, les moyens même de l'atteindre ne peuvent être qu'antipathiques chez les hommes de la révolution, qui n'est rien qu'au milieu du trouble, et chez

nous avons extrait la phrase qu'on vient de lire, s'en serait emparé pour prouver la vérité de son impertinente assertion.

---

ceux de la royauté, qui n'a de vie qu'au sein du calme et du bonheur publics. Ceci pourtant nous induit à penser que, dans l'application de la règle dont il s'agit, il peut se présenter des cas où il serait nécessaire d'y apporter du discernement. Il est habile, le parti, à profiter de notre candeur, de notre bonne foi, de nos erreurs ou de nos fautes! Une fois averti que, sans y regarder de plus près, nous rejeterons ce qu'il demandera et accepterons ce qu'il repoussera, il pourrait bien se servir de nous-mêmes pour nous jeter dans une fausse route! Notre règle, comme toutes les autres règles, a donc ses exceptions possibles. Heureusement ces exceptions ne peuvent qu'être excessivement rares et c'est de quoi nous rassurer. Dans le nombre presque infini des questions qui s'agitent chez nous depuis quarante ans, dans l'ordre moral ou politique, nous aurions de la peine à en désigner quelques-unes qui ne puissent pas être décidées sur leur seule énonciation; c'est donc encore ici le cas d'admettre ce vieil axiome de logique : l'exception confirme la règle.

EXAMEN

POLITIQUE ET PHILOSOPHIQUE

DES PRÉTENTIONS RÉVOLUTIONNAIRES,

MÊME DE CELLES QUE LA LÉGISLATION A SANCTIONNÉES,

RELATIVEMENT AU DROIT D'ÉLECTION.

CE fut une bonne fortune, pour nous, que le hasard qui jeta dans notre cabinet la brochure que nous avons déjà citée.

On a dû remarquer, par les citations que nous en avons faites, qu'elle ne brille pas par le style, par la netteté ou la justesse des images, par un choix heureux d'expressions. *Un homme qui dépassait le ministère* DE CE QU'UN *géant surpasse des pygmées,* au lieu DE CE DONT *un géant. . . . . Un parti impérissable,* parce QU'IL EST CELUI DE LA JUSTICE *et de la vérité;* au lieu de *parce que* C'EST *celui,* ou *parce qu'il est* LE PARTI. . . . . *Il se suicida de ses propres mains,* comme s'il avait pu se suicider par d'autres mains que *les siennes propres... Il le tente... d'altérer,* au lieu de *il lui donne la tentation,* etc. En voilà plus qu'il n'en faut pour juger qu'un tel écrivain ne ferait pas trop mal de retourner à son école.

On a pu observer aussi qu'il y a de la naïveté dans la manière dont l'auteur juge son parti et comprend les devoirs et les affections d'un ministre du Roi.

Là, il fait à ce parti l'honneur de le qualifier *le parti de la justice et de la vérité!*

Ici , il prête de la timidité *à un ministère libéral* , lequel , selon lui (attendu que ces bons citoyens, quand on les laisse faire , sont très timides , comme chacun sait), n'aurait hasardé qu'en tremblant le renouvellement intégral ; il oppose cette timidité à la témérité d'un ministère royaliste *qui a offert cette innovation sans hésitation*; et il s'étonne de ce que ce ministère royaliste a *une* PARTIALITÉ DÉCIDÉE *pour la prérogative de la couronne*; attendu sans doute que, selon lui encore, il serait plus naturel que cette *partialité* DÉCIDÉE fût en faveur de la révolution , c'est-à-dire, *du parti de la justice et de la vérité.*

Voilà donc ce que sont ces hommes auxquels on permet de faire tant de bruit! Éblouis du vif éclat de leur grande science, nous devons admirer leurs talens prodigieux et nous laisser guider par eux , attendu que nous , royalistes indignes , nous ne sommes que des ignorans restés aveugles au milieu du siècle des lumières !

Cela n'empêche pas que cette brochure ne mérite d'être méditée et ne nous soit d'une utilité positive. Ses auteurs, parfaitement au courant de tout ce qni intéresse leur parti, et très dignes, comme on vient de le voir , d'être ses interprètes, y étalent toute sa science accommodée à ses besoins présens. Par eux devient donc très facile la tâche que nous nous sommes imposée.

Nous suivrons leur article page par page ; nous en extrairons toute la partie sentencieuse et dogmatique; nous y relèverons en substance , tout ce qui nous paraîtra révéler les prétentions, les vœux, les espérances du parti ; et nous posséderons ainsi son véritable catéchisme, lequel, semblable à ce miroir d'airain, au centre duquel Archimède rassemblait les rayons solaires pour brûler les vaisseaux qui assiégeaient sa patrie, lui-même serait, à son tour, capable d'incendier le monde si, ne nous bornant pas à ce qui n'intéresse que notre sujet, nous y rassemblions tous les dogmes du libéralisme, centralisés en un seul point.

Page 18. « *Le vieux parti de la révolution* est dépositaire *des véritables principes* du gouvernement représentatif. »

Vous comprenez?... Au moins, ces libéraux-ci sont de bonne foi ! ils ne nient pas qu'ils descendent, en ligne directe, *du vieux parti de la révolution !*

Page 19. « Rien ne manquerait au triomphe de l'opinion *constitutionnelle,* si M. de Châteaubriand avait pu obtenir que l'âge d'éligibilité fût abaissé à 30 ans. »

Lisez : *libérale* ; car on désire ici une violation de la Charte, ce qui, comme vous le voyez, n'est pas *très constitutionnel.*

Ne dirait-on pas que M. de Châteaubriand est devenu le messie *du vieux parti de la révolution ?*

Cela nous avait échappé dans nos citations antérieures. Vous voyez que la brochure a pensé à tout, *même à la génération nouvelle !* Cela nous confirme, de plus en plus, dans l'opinion que nous avons émise à cet égard, en terminant le §. qui précède.

Page 21. « Il faut dégager l'élection des affections ou des intérêts privés, des impulsions de coterie, des étroites pas-

Et ce sont ces gens-là qui vous demandent *l'indépendance des électeurs !* Je vois, dans ce système, le despotisme des meneurs ; quant aux individus, il n'en résulte qu'un aveu-

sions de localité, *pour s'at-
tacher inviolablement à
l'intérêt de parti.*

» Le jour de l'élection,
il convient d'adopter une
opposition *systématique.*

glement stupide et l'esclavage le plus
abrutissant.

Une opposition systématique, par
laquelle on fait nécessairement di-
vorce avec sa propre conscience,
est-elle autre chose qu'une abjura-
tion publique du sens commun et de
la vérité ?

Voilà où nous a menés la concession faite à la révolution
de ce contresens politique, *qu'une opposition est une nécessité du régime représentatif !*

» Le nom des candi-
dats est le symbole abré-
gé des partis. »

Page 22. « Le pou-
voir ne se donne pas, il
s'usurpe. »

Page 23. « Notre na-
tion est particulièrement
propre aux luttes en tout
genre, lorsqu'elles sont
subites, vives et brèves.

» Le vote secret est
prescrit par la loi.

Et celui des députés donc ! n'est-
il pas plus significatif, quand ils se
nomment Grégoire, par exemple ?

Que de choses dans cette sentence !

D'après cela, on a bien fait d'in-
venter ce mot : *la bataille des élections.*

Les habiles du parti ont persuadé
aux niais que cela a eu pour objet de cacher leurs votes aux bureaux de leurs

colléges. Mais cette vue insultante et mesquine n'a pas été
celle de la loi ; elle n'a voulu que garantir *l'indépendance
individuelle* de chaque électeur et mettre son vote *à l'a-
bri de toute influence.* Nous interpréterons *le vote secret*
dans ce sens, et nous en tirerons des conséquences très pré-
cieuses, pour que les élections soient ce qu'elles doivent

être, *le résultat innocent et sincère du vœu libre de chaque électeur.*

» Peut-être serait-il désirable que le vote public soit légalement introduit chez nous, avec de *nouvelles garanties* en faveur de *l'indépendance des élec-teurs.* »

Ces gens-ci ont les bonnes traditions ; ils se rappellent que, sans le vote public, la révolution n'aurait pas eu son 21 janvier.

C'est-à-dire *des intrigans, meneurs du troupeau élisant.* Cela s'explique un peu plus bas.

Page 24. « Il se forme *des comités d'élection* chez toutes les nations libres. »

Excellent moyen pour obtenir l'indépendance des électeurs ! Admirable *garantie* de cette indépendance ! Plaisante liberté que celle de ces nations-là !

Page 26. « Ce sont les idées grandes et généreuses qui agitent les assemblées vraiment populaires.

Témoins nos clubs de 1793.

» L'opinion libérale, *même* LA PLUS NETTE-MENT PRONONCÉE,

Comprenez-vous bien ce que c'est que cette opinion *si nettement pro-noncée ?* Par hasard, auriez-vous besoin que je vous le dise ?

est en position d'acquérir bientôt la majorité dans les colléges de départe-ment.

Quel beau jour ! Sans doute, alors, l'opinion, non encore au degré qu'il faut, achevera *de se prononcer* NET-TEMENT !

» L'institution des grands colléges est douée d'une puissance de téna-

Pourquoi en parle-t-on ainsi ? c'est que, comme on vient de le dire, on espère que *l'opinion libérale la plus*

cité que le gouvernement dompterait difficilement.

» Ils ne sont pas soustraits à l'action des doctrines populaires.

» On a remarqué que tout tourne à la démocratie entre les mains des hommes du côté droit.

» Il serait curieux que les colléges de département fussent destinés à donner une nouvelle et remarquable preuve de cette singulière fatalité. »

Page 27. « L'administration avait tellement abusé des droits *qu'elle prétend s'arroger* SUR LA CONSCIENCE DES ÉLECTEURS. »

Page 28. « L'esprit de parti est un sentiment noble et grand, puisqu'il prend sa source dans les intérêts généraux et est exempt de personnalité.

» La question de notre

NETTEMENT *prononcée* y acquerra la majorité.

Il faut bien que vous ayez l'air de le croire ; sans cela, d'où viendrait votre espoir, messieurs les libéraux *les plus* NETTEMENT *prononcés*, d'y acquérir la majorité ?

Nous avons déjà cité ce passage ; nous craindrions de remonter trop haut en cherchant ce qu'il y a de vrai, et surtout d'où cela provient.

Cela n'est pas impossible au milieu du désordre où nous ont jetés les concessions faites à la révolution.

Qu'elle prétend s'arroger ! Eh ! quoi ! page 24, vous voulez qu'il se forme *des comités d'élection* , et vous refuserez au gouvernement le droit d'en appeler *à la conscience des électeurs,* si *ces comités* lui sont hostiles !

Il y aurait un volume à faire ici ! Dans l'esprit de parti, tout est personnel, au contraire ; il n'y a d'autre intérêt général que celui du parti.

Pour tous les partis ! Nous défions

âge est celle de la liberté civile et religieuse, pour tous les partis,

qu'on puisse imaginer rien de plus extravagant que cette prétention.

C'est cependant ce que le gouvernement, les tribunaux mêmes, ont concédé à nos brouillons, en adoptant cette maxime absurde, *respect aux opinions*.

comme pour toutes les croyances.

Quelle hypocrisie! Eh! qui donc a dénié cette liberté aux croyances? N'est-ce pas vous qui avez attenté à celle qu'ont réclamée en vain, pour la religion de l'État, les hommes sages, justes et conséquens? N'est-ce pas à vous, *vieux parti de la révolution*, ou à votre prétendue alliée, *la génération nouvelle*, que le ministère précédent a sacrifié les jésuites?

» Le temps........

Cela est vrai, car nous vieillissons tous à mesure que le temps marche.

ou la législation.......

A la bonne heure! vous voilà ramenés à ce que vous attendiez de M. de Châteaubriand.

abaisseront la barrière qui empêche *la génération nouvelle*,

Voyez comme on compte sur cette *génération nouvelle*! Comme on la flatte! comme on est impatient de la voir arriver!

dont l'éducation s'est faite, depuis la restauration, par le gouvernement représentatif et par la liberté de la presse,

Si telle est son éducation, quelle accusation terrible contre le ministère qui a déchaîné sur nous le fléau de cette liberté de la presse qui produit d'aussi mauvais fruits que *l'alliance de la génération nouvelle avec le vieux parti de la révolution*!

d'envahir la chambre

Heureusement qu'il y a beaucoup

des députés comme elle vient d'envahir les col-léges électoraux. »

à dire sur cet envahissement dont vous vous applaudissez tant !

Page 29. « Les écueils attendent l'administra-tion qui , comprenant mal notre position, ten-terait d'arrêter le vœu général , ou de le trom-per par des satisfactions incomplètes.

C'est-à-dire , qui ne permettra pas au *vieux parti de la révolution*, uni à la *génération nouvelle* , éduquée comme on vous l'a dit, d'envahir le pouvoir , lequel , comme vous sa-vez, *ne se donne pas, mais s'usurpe*, ce qui , vous le sentez de reste , est la chose du monde la plus rassurante pour cette vieille France , assez stu-pide pour être encore religieuse et monarchique, en 1828 ! Voilà les fruits qu'ont portés les concessions faites à la ré-volution depuis le 5 septembre.

» *La chambre des dé-putés* est promise *aux doctrines constitution-nelles ,*

Vous pensez peut-être qu'un roya-liste qui , comme nous , est constitu-tionnel et le sera tant qu'il plaira au Roi qu'il le soit , peut s'étonner de cette prophétie , la croyant réalisée le jour même où il y eut une cham-bre des députés et une chambre des pairs en activité légis-lative , en vertu de la charte ou de la constitution ?... Un moment ! un moment ! écoutez la suite.

telles qu'elles furent adoptées , dès l'origine , *par le côté gauche de la chambre des députés ,*

Cette répétition , *la chambre des députés ,* dans un même membre de phrase , n'est pas de nous ; nous la copions telle que nous l'a donnée l'é-légant écrivain de l'article où nous trouvons tant de belles choses. Ainsi , point d'équivoque : c'est le côté gauche avec tous les goûts que vous lui con-naissez , même avec les répugnances de M. Manuel, à qui la chambre des députés est promise ! Commenter cela est au moins superflu.

l'administration n'osera plus attenter *à la liberté des élections.*

Expliquons-nous. Sera-ce attenter à cette liberté que d'empêcher votre comité-directeur ou vos *comités d'élection* d'y attenter eux-mêmes ? Entendons-nous bien là-dessus, s'il vous plaît. Il serait par trop fort que vous prétendissiez que l'administration doive se tenir à l'écart pour laisser le champ libre à une faction qui voudrait faire voter tous les électeurs de France comme un seul homme ! Plaisante *liberté* que celle que vous nous offrez !

Que si un ministère parvenait à se créer *une majorité complaisante,*

Vous ne concevez donc d'autre majorité que celle que vous qualifiez ainsi ? Mais, veuillez bien nous le dire : Si un ministère vraiment royaliste, livrant les élections à elles-mêmes, après avoir fait ce qu'il faut pour écarter d'elles toute influence interne ou externe, voyait arriver à la chambre, comme il serait impossible dans cette double hypothèse qu'il en fût autrement, une majorité royaliste comme lui ; appelleriez-vous cette majorité une *majorité complaisante* ? Votre opinion serait donc qu'un ministère ne doit avoir pour lui que la minorité, et que la majorité appartient à l'opposition, à cette opposition que vous prétendez devoir être *systématique* ! Ce sont-là, convenez-en du moins, de singulières doctrines, et un gouvernement irait loin avec elles !

les égoïstes *jouiront-ils* en paix

Nous allions écrire JOUIRAIENT, mais l'auteur a mis *jouiront.* Nous conservons donc ce futur, qui n'a rien de conditionnel, et qui, s'il s'accorde peu avec *si le ministère parvenait,* a été préféré, ainsi que ceux qui achévent la phrase, comme plus en rapport sans doute avec la préoccupation de l'auteur.

du bien-être qu'ils se *se-*RONT fait aux dépens des intérêts publics ? Tout *ir*A-t-il se replonger à l'instant *dans le calme* ? et *ver*RONS-nous la France s'acheminer dans le silence et dans l'ombre vers une obscure agonie ? »

Voyez comme le calme leur fait peur ! En effet, que devenir quand on n'a plus à espérer *de ces luttes subites, vives et brèves,* auxquelles notre nation est si propre ?

Ne commentons pas ce passage, dans la crainte d'attirer sur lui l'attention de messieurs les gens du Roi ; faisons-lui grâce même de cette figure, si belle et si bien exprimée, qui nous apprend qu'on peut *s'ache-*miner.... vers *une agonie,* qui pis est, vers une agonie *obscure ;* et, pour comble d'horreur, s'y acheminer *dans l'ombre !*

Page 3o. « Peut-être, pour attaquer *des droits acquis,*

Pasteurs des peuples, voici qui va vous révéler les conséquences des concessions que vous vous laissez arracher ! Rien ne sonne aux oreilles *du vieux parti de la révolution,* ou de sa jeune élève, *la génération nouvelle,* comme ces petits grands mots *droits acquis.* Mais il est un droit imprescriptible qui domine ces droits passagers : c'est celui qu'a le corps social à sa conservation, à son bien-être, à son repos.

Athènes se complut long-temps à laisser toute liberté à des sophistes, qui d'abord furent pour elle un spectacle tout comme un autre ; mais ils finirent par jeter le désordre dans tous les esprits ; du choc des opinions les plus folles, ils firent jaillir une discorde affreuse qui, bientôt, compromit l'existence même de la république : le prétexte des *droits acquis* ayant fait échouer tout ce qu'on put essayer pour fermer la bouche à ces perturbateurs infatigables , on les chassa , et Athènes retrouva immédiatement le calme qu'ils avaient banni de ses murs.

Sophistes de notre âge , répondez-nous : si on vous impose silence, si on arrache de vos mains les brandons dont, chaque matin , vous menacez également et nos palais et nos chaumières ; si on musèle vos journaux, si on les ramène au principe de leur existence, en ne leur permettant plus de se prétendre une propriété privée ; appellerez-vous *droits acquis* cette foule d'absurdités dont se compose chez nous le régime légal de la presse périodique ; et prétendrezvous que, quoiqu'ayant à expier dans les prisons correctionnelles son oubli du premier des devoirs , le respect des lois de la morale et de l'ordre établi, tel écrivain, que n'a pas corrigé une juste condamnation , puisque son journal corrupteur n'a rien changé ni à ses mœurs ni à son langage , doit conserver , jusqu'à la fin des siècles , par lui ou par ses successeurs , le droit de s'ériger en dictateur perpétuel et en guide infaillible de l'opinion publique ?

Dans ce cas , malheur à nous , sans doute , si vos *droits acquis* en imposent assez au gouvernement pour l'empêcher de faire enfin cesser le désordre effrayant dont ces absurdes droits sont tour-à-tour et l'effet et la cause.

Mais tout ne sera pas perdu.

Le bon sens public, la lassitude générale , un dégoût universel et insupportable sollicitaient de lui la préférence pour le droit du corps social , tel que nous venons de le définir ; ce bon sens, cette lassitude, *ce dégoût*, ne discontinueront pas de plaider en faveur de ce droit sacré contre lequel rien ne saurait prescrire ; et, tôt ou tard, *vos droits acquis*, chimère fugitive, s'évaporeront devant lui comme une vapeur sans consistance , comme un rêve sans réalité.

l'indépendance de la ma-   Remarquez bien cela : cette *déni-*

gistrature ,

pendance , dont personne ne doute , et qui existe bien réellement sans que *le vieux parti* s'en mêle ; il ne la demande qu'à condition que les tribunaux se rendront ses complices ; comme il ne demande celle des électeurs qu'à la charge de les lui laisser dominer par *ses comités* d'élection.

le pouvoir électoral lui-même seraient *peut-être* menacés de nouveaux attentats :

L'élégante répétition de ce *peut-être* est copiée de la brochure.

mais, avec tout cela, on n'arrêterait pas la génération *qui marche*.

Ceci n'est que comique ; mais ce qui suit est plus sérieux.

On verrait bientôt la lutte s'engager *plus fortement que jamais*. Je ne sais où ni comment ; mais l'expérience est là, diverses fois répétée depuis quarante ans , pour garantir que les principes de la révolution ne sont point périssables. »

Le même scrupule , qui nous a déjà arrêté, la crainte d'attirer l'attention tardive de MM. les gens du Roi sur cette bravade libérale, nous défend de la commenter.

Ne dirait-on pas que l'écrivain pensait déjà à l'association que vous servez ? Il aurait dû aussi en deviner le pauvre succès.

Page 31. « La *réaction* de 1815

Quoi ! ne fallait-il pas une *réaction* après la monstrueuse *action* du 20 mars ?

Fallait-il laisser la France dans la voie où l'avaient replacée ceux qui avaient profité des fautes de la première restauration pour préparer et protéger le retour de l'exilé de l'île d'Elbe ?

Étaient-ce donc des couronnes civiques ou les grands-cordons de leurs ordres que les Bourbons, à leur retour de

Gand, devaient aux traîtres qui les avaient forcés à chercher une seconde fois un asile sur la terre étrangère?

Nous ne balançons pas à considérer comme coupables
d'un crime énorme ceux qui ont permis à ces expressions
factieuses, *la réaction de 1815*, de se produire impunément.

semblait ne pouvoir être
arrêtée par rien;

Oui, sans doute! par rien. Eh!
c'est ce qui accuse, devant leurs con-
temporains, et laissera sans excuse,
devant l'histoire, ceux *qui l'ont arrêtée!* Serait-il question encore *du vieux parti de la révolution,* si la chambre
introuvable n'eût pas été congédiée?

l'ordonnance du 5 sep-
tembre la désarma.

Entendez cela sans rougir, si vous
le pouvez, vous à qui se doit imputer cette ordonnance du 5 septem-
bre! La *réaction* monarchique cessa; L'ACTION révolutionnaire reprit son exécrable cours... voyez ce qui en
est advenu! voyez l'état pitoyable où nous sommes!

En France, la lutte en-
gagée depuis douze an-
nées... a pris un carac-
tère qui ne permet plus
de douter de son issue
définitive.

L'écrivain n'avait pas fait entrer
dans ses calculs le ministère royaliste
qui nous a apparu le 9 août, comme
autrefois apparut à Noé ce météore
aux sept couleurs, qui fut à-la-fois
un gage de son alliance avec Dieu, et
une garantie contre un nouveau déluge universel.

Il ne faut que lire les violentes philippiques par lesquelles, chaque jour depuis ce moment, se manifeste à ce
sujet l'inconsolable désolation libérale, pour comprendre
tout le bien que la France doit attendre de cet acte de la
sagesse royale.

Ici, plus qu'à tout autre événement, s'applique d'elle-
même la règle que nous avons expliquée ci-devant, et

d'après laquelle les amis de la monarchie doivent, en tout, sans exception, prendre le contrepied des douleurs ou des joies des hommes de la révolution. Leurs cris, qui ne finissent point, sont la preuve palpable que notre sage monarque a mis le doigt sur notre plaie, et lui a appliqué le seul spécifique qui puisse la guérir.

Tout ce qui a un nom ou un avenir a passé dans nos rangs.

A qui la faute, si ce n'est à ceux qui ont jeté la restauration dans cette voie détestable où elle se traîne depuis quinze ans, écartant, rebutant, maltraitant ses amis, CALOMNIANT MÊME, AU BESOIN, CEUX QUI LUI FURENT LE PLUS DÉVOUÉS, POUR AVOIR UNE EXCUSE DE SON INGRATITUDE, et réservant toutes ses préférences pour ses ennemis?

Mais supposez que la *réaction* de 1815, si juste, si raisonnable, si nécessaire, puisqu'elle n'avait d'autre objet que d'aider le gouvernement royal à faire ce qu'avant lui, et avec beaucoup de raison, avaient fait la convention, le directoire et Buonaparte, qui, certes, n'allaient pas choisir leurs ministres à Coblentz ou dans la Vendée, et ne distribuaient pas, sciemment et de propos délibéré, tous les emplois aux amis déclarés des Bourbons; supposez donc que cette *réaction*, puisque *réaction* y a, n'eût pas été interrompue : il n'y aurait eu bientôt que des royalistes dans toutes les places. Or, qui s'avisera de nier que le beau idéal de tout gouvernement est de ne rien souffrir dans sa sphère d'activité qui ne soit conforme à sa nature; et que, par conséquent, si, sous la république, des républicains seuls eurent droit de prétendre à la confiance des chefs de l'État; sous le gouvernement royal, le plus positif, le plus essentiel des devoirs des ministres du Roi, c'est de ne se confier qu'à des hommes ayant fait preuve de dévoument et de fidélité , et de n'employer qu'eux dans l'ordre civil , militaire ou judiciaire?

Et qu'on ne répète pas , à ce sujet , les absurdités à l'aide desquelles , quoique bien loin alors d'avoir le verbe haut comme aujourd'hui , la révolution s'efforçait de contrarier l'épuration de l'administration poursuivie avec un admirable zèle par tous les membres de la chambre introuvable : peu de mutations dans le personnel de chaque département ministériel auraient suffi pour atteindre ce but. Une conversion générale , qu'il n'eût dépendu que du gouvernement de rendre éternelle, *en ne variant jamais lui-même , ni dans ses principes , ni dans ses affections, ni dans ses actes , et moins encore dans sa direction* , se serait opérée subitement, à peu d'exceptions près ; nous n'aurions pas eu à subir le spectacle presque effrayant d'une chambre des députés où des conseillers-d'état , des maîtres de requêtes , des chefs d'administration , des magistrats , des militaires , s'assoient au côté gauche , pérorent pour le côté gauche , votent avec le côté gauche ; et l'écrivain libéral , dont nous avons bientôt épuisé le chef-d'œuvre , ne se serait pas vanté, en 1828 , que *tout ce qui a un nom et un avenir a passé dans ses rangs.*

Au reste , nous regrettons de ne pas être à portée de le prier de nous traduire cela en termes positifs et clairs, car il se pourrait bien qu'il n'y eût ici qu'une absurdité , une espèce de cercle vicieux où la cause serait prise pour l'effet : mais , lui-même , dans la même phrase , nous explique d'où cela provient : cela peut nous aider à comprendre ce qu'il a voulu dire.

» La célébrité, la popularité, la gloire ne se gagnent plus que chez nous.

Oui, sans doute, la célébrité, la popularité , la gloire libérale! cette jactance se réduit donc à rien.

La gloire qui se gagne chez les libéraux peut être recherchée par ceux d'entre eux qui aiment à s'enivrer de cette vapeur méphitique, et qui peuvent tenir à honneur de partager la célébrité des... des... des... que l'histoire a déjà attachés à son pilori pour les livrer au mépris des races futures; mais il sera éternellement impossible de concevoir un royaliste tenté d'y avoir part.

Chez les royalistes, il est une gloire d'espèce plus noble, qui s'acquiert par des moyens tout différens; et elle leur semble assez belle pour ne pas en rechercher d'autre.

Quoi qu'il en soit, daignez me dire si cette forfanterie libérale n'est pas le produit direct des concessions faites à la révolution? Rien n'ayant détourné la restauration de ses voies naturelles, depuis quinze ans, se trouverait-il aujourd'hui un cerveau creux capable de rêver qu'il n'y a de gloire à gagner, de célébrité à acquérir que pour qui se mettrait à la suite *du vieux parti de la révolution?* Ah! il y a bien long-temps qu'il ne serait plus question ni *de ce vieux parti* ni de *la génération nouvelle* qu'on prétend être son alliée!

Cela doit servir, à-la-fois, à encourager le nouveau ministère et à ranimer la confiance des royalistes.

Les fautes commises ont porté leurs fruits.

La réparation de ces fautes portera les siens à son tour.

Cette réparation, à laquelle nous ne doutons pas qu'on travaille sérieusement, est plus facile qu'on ne pense.

Nous l'avons prouvé, lorsque, après avoir signalé, dans un autre écrit, les effets désastreux d'un fléau dégoûtant qui met à nu toutes les misères de l'esprit humain, nous avons indiqué le seul remède spécifique contre la licence de la presse (1).

____

(1) Nous aurions pu ne faire qu'un ouvrage de cet écrit et de celui-ci;

Nous espérons en donner une nouvelle preuve en indiquant des moyens infaillibles pour dégager notre système électoral des influences ennemies qui tendent à le dénaturer, en en faisant un instrument de trouble et de discorde, et pour en obtenir librement, sans efforts, sans débats, sans secousses, des choix en harmonie avec le vœu universel de la France fidèle, ainsi qu'avec l'intérêt général qui, dans le cœur de tout homme de sens et d'honneur, se confond toujours avec l'affermissement, la prospérité et la gloire du gouvernement de son pays.

Ne fermons pas ce chapitre sans faire, à ce sujet, une réflexion consolante.

Parmi les libéraux, il en est un nombre infini qui, plus qu'ils ne le pensent, parce qu'ils n'ont pas eu l'occasion d'y

___

c'est à quoi nous pensions d'abord ; mais nous en avons été détourné par la crainte qu'une publication anticipée ne compromît le succès de quelques propositions capitales qu'il renferme, pour couper par sa racine un mal honteux qui nous ronge, qui nous dévore, que, seul, je n'ai pas cessé un seul jour de combattre depuis quarante ans, et dont, jusqu'ici, on n'a fait que développer les germes délétères toutes les fois qu'on a cherché à lui appliquer de nouveaux remèdes. Nous nous abstiendrons de produire au jour ces propositions, tant que nous croirons pouvoir espérer qu'elles seront accueillies et adoptées comme elles méritent de l'être ; à quoi très merveilleusement aident eux-mêmes certains journaux qui, par leur grossier dévergondage, semblent avoir pris à tâche, depuis le 9 août, de prouver aux esprits les plus prévenus en faveur d'un désordre devenu enfin intolérable, qu'il est impossible de ne pas en arrêter le cours fastidieux. Si, contre notre attente, nous nous voyons forcé de renoncer à cet espoir, nous publierons nos propositions. Elles attesteront du moins aux âges à venir, qui auront aussi leur génération nouvelle mais endoctrinée autrement que la nôtre, la pusillanimité des hommes d'état de notre époque, puisqu'il y sera démontré que rien n'était plus facile, pour eux, que de remettre l'ordre social dans son assiette naturelle, comme, plus tôt ou plus tard, après des tempêtes publiques et quels que soient les bouleversemens que celles-ci ont opérés, il s'y remet toujours pour ainsi dire de lui-même. Sans cela, où en serait le monde depuis bien long-temps ?

réfléchir sérieusement , tout en se disant *royalistes constitu-tionnels* (et le disant de très bonne foi , car il ne s'agit ici que d'honnêtes gens , sans lequel le *libéralisme radical*, le LIBÉ-RALISME NETTEMENT PRONONCÉ , serait à peine perceptible) , sont tout autant *royalistes sans conditions* que nous le sommes, et seraient au besoin *royalistes quand même*, comme M. de Béthisy.

« Je suis *royaliste-constitutionnel*, Monsieur. » Me dit un jour un de nos pairs les plus illustres... Eh ! pourquoi ne le nom-merais-je pas ?... Cette petite anecdote et la conséquence que j'en tirerai ne peuvent que lui faire honneur... Nommons-le donc sans scrupule : c'est M. de Châteaubriand. « Qu'est-ce à » dire, Monsieur , lui répliquai-je, est-ce que vous cesseriez » d'être *royaliste*, s'il plaisait au Roi de laisser dormir ce » que vous appelez *une constitution?* Ce qu'il mettrait à la » place ne serait-il pas tout aussi respectable ? — Monsieur, me » répliqua le noble pair , *le Roi est le maître, sans doute :* » mais, s'il faisait ce que vous dites, j'obéirais , et je ne le » servirais pas. »

Voilà une très belle profession de foi ! Mais M. de Châ-teaubriand se trompait en me parlant ainsi : j'en appelle à lui-même.

J'ose croire qu'il ne me fait pas l'injure de penser que je suis un sot qui cherche à plaisir et par choix l'esclavage. Je veux ne pas douter qu'il considère comme chose certaine , que je sens ma dignité d'homme tout comme un autre ; et que , si je cherche la liberté à l'ombre du trône et de la reli-gion , tels qu'on m'apprit à les vénérer dans mon enfance, et tels que ma conscience, lorsque je pus la consulter sur ces premières impressions , acheva de les montrer à ma raison ;

c'est que je devinai, dès cette seconde époque de ma vie, ce que quarante ans d'une révolution absurdement atroce m'ont démontré depuis, qu'il n'y a de véritable liberté, de véritable égalité sociale, que sous ce double abri dont une secte infernale s'évertue à nous déshériter.

A mon tour, je lui rendrai la même jusice.

Il n'est pas de ceux qui, incapables de juger la portée des choses, adorent en aveugles ce qu'on leur commande d'adorer jusqu'à nouvel ordre : il n'ira pas, comme ces autres qui ne savent pas ce qu'ils disent, mais qui savent seulement pourquoi ils le disent, jusqu'à qualifier la Charte de Louis XVIII un *chef-d'œuvre de l'esprit humain*.

Or, si, en vertu de sa raison forte et saine, il eût plu à Louis XVIII lui-même, éclairé par l'expérience, ou s'il plaisait à son successeur, doué d'un sens si pur, de nous donner quelque chose de mieux que cela, ce qui, d'après l'essai que nous en avons fait depuis quinze ans, est devenu extrêmement facile, assurément le noble pair, que je viens de nommer, aurait été ou serait encore le premier à applaudir à l'application de ce qui pourrait bien être le remède à tous nos maux ; et nous aurions un bel ouvrage de plus pour faire pendant à *la Monarchie selon la Charte.* Un homme de cette valeur, si conséquent dans ses principes, si ferme dans sa marche, si uniforme dans ses vues, si constant dans son but et dans ses moyens de l'atteindre, se ferait encore un honneur de servir *son maître*, comme il l'a déjà fait.

J'en conclus que toutes les extravagances que nous débitent les *libéraux* NETTEMENT PRONONCÉS, dans leur *Constitutionnel,* leur *Courrier Français,* leur *Journal du Commerce,* leur *Journal des* DÉBATS, si digne de son titre, leur *Nou-*

veau Journal de Paris, leur *Revue trimestrielle*, etc., etc., doivent nécessairement aboutir à séparer d'eux les libéraux incapables *de se prononcer* de la même manière, tels que M.... M.... M.... et tant d'autres. riches banquiers, riches industriels, riches manufacturiers, opulens ministres d'état, etc., etc., et à grossir la masse immense du royalisme de tout ce que jusqu'ici le parti contraire a compté dans ses rangs de vrais honnêtes gens, parmi lesquels ces GRANDS CITOYENS, à une ou deux exceptions près, figurent incontestablement en première ligne.

Tirons de-là cette conséquence.

Les dégoûtantes criailleries dont chaque jour, depuis trois mois, le *libéralisme* NETTEMENT PRONONCÉ fatigue nos oreilles, ont mis hors de toute incertitude le résultat réparateur que ne manquerait pas d'avoir une réélection générale de la Chambre des députés. Aujourd'hui il n'y aurait plus que quelques niais (car la niaiserie n'est certainement pas le caractère de la nation française, quoique *le Constitutionnel* se dise son organe), aujourd'hui, dis-je, il n'y aurait plus que quelques niais qui se laisseraient glacer de crainte, à la seule menace d'une *contre-révolution* DEJA FAITE, et qui ne la concevraient qu'escortée de la résurrection de la dîme, des droits féodaux et autres vieilleries auxquels personne ne songe. L'universalité des électeurs sentirait très bien qu'il s'agit maintenant de tout autre chose, et même d'une seule chose : c'est de fermer la bouche au *libéralisme* NETTEMENT PRONONCÉ, et de ne permettre de *se prononcer ainsi qu'au royalisme*, puisque, par la grâce de Dieu, rentrés dans la voie du salut, nous sommes replacés *sous le gouvernement royal*.

RECHERCHE

DES VRAIS PRINCIPES

DE LA LÉGISLATION ÉLECTORALE.

CETTE recherche ne serait d'aucune utilité ; même, à beaucoup d'égards, elle aurait plutôt, au contraire, des effets extrêmement fâcheux, dans deux cas dont nous ne pourrions supposer la possibilité sans qu'un découragement invincible fît tomber à l'instant même la plume de nos mains.

Dans l'un ou l'autre de ces cas, tout espoir de salut s'éteindrait pour toujours dans les cœurs fidèles.

Trompés une dernière fois dans leur affection la plus chère, leur confiance dans la royauté, ils n'attendraient plus rien d'une lutte qui ne saurait avoir de terme, puisque, quand leurs efforts sont couronnés par la victoire, ils voient les vaincus seuls en retirer tous les profits ; ce qui fournit à ceux-ci de nouveaux avantages pour recommencer le combat.

Peut-être dominés encore par l'invincible attrait d'une vieille habitude, quelques vétérans de la troupe fidèle resteraient-ils inébranlables au poste de l'honneur, sans cesser de combattre, jusqu'au jour où la révolution triomphante les en arracherait pour les jeter eux-mêmes, avec son aménité ordinaire, dans le gouffre où le trône et l'autel se seraient engloutis à leurs yeux ; mais, désormais désenchantée, devenue tout-à-coup invisible, quoique embrassant la population presque entière, et prenant en pitié un gouvernement que rien ne saurait corriger de conspirer lui-même sa ruine ; la masse royaliste se réfugierait dans l'apathie et dans l'indifférence contre un événement si funeste. Le supposant inévitable, elle attendrait avec résignation le moment d'accomplir la prophétie d'un écrivain profond, c'est-à-dire *de se mettre à la fenêtre*, comme l'a dit l'illustre auteur de la Monarchie selon la Charte, *pour voir passer la monarchie cédant sa place à la révolution, arrivée enfin à son but.*

Ces deux cas, nous les exposerons avec d'autant moins de scrupule que la seule résolution que nous avons prise de conduire ce travail à son terme, prouve que nous n'en admettons pas la possibilité.

Ou bien, la généreuse résolution royale qui, le 8 août, en nous donnant un ministère royaliste, a dit à la révolution : *Tu n'iras pas plus loin !* peut, par une cause quelconque dérivée, soit de l'ordre moral, soit de l'ordre physique, être remplacée par une autre qui, anéantissant ses effets salutaires, imprimerait à la machine politique un mouvement en sens contraire : au lieu donc de n'avoir plus à craindre que des ministres soient jamais pris ailleurs que chez les royalistes les plus prononcés ; nous serions exposés encore à voir surgir inopinément au pouvoir, tantôt les hommes *de la gauche*, tantôt ceux *du juste milieu*, plus inquiétans peut-être, parce qu'eux-mêmes ne savent ni ce qu'ils veulent ni où ils vont ; ou, par *une fusion* antipathique avec toute idée de sagesse, de justice, d'ordre, d'harmonie, de durée, d'esprit d'ensemble, de suite et de conservation, *un amalgame monstrueux*, au fond duquel, obscure comme une question du sphynx proposée en style d'énigme, la pensée royale demeurerait inexplicable, excepté pour les hommes de la révolution qui ne manqueraient pas de l'expliquer en leur faveur, ce que nul ne pourrait contredire rationnellement, et qui manqueraient moins encore d'agir en conséquence.

Ou bien telle est l'atmosphère de la toute-puissance ministérielle, qu'une subite révolution s'opère dans la constitution morale et politique de ceux qui y sont élevés; d'où s'ensuivrait que le même phénomène que nous ont offert les ministères antérieurs, qui sont arrivés royalistes et se sont retirés accusés tout au moins d'alliance avec les libéraux enrichis de leurs concessions, les nouveaux ministres, que les royalistes viennent d'accueillir avec un enthousiasme que n'ont pu égaler même les cris frénétiques de la haine révolutionnaire exaltée jusqu'à la rage, sont destinés à le renouveler, ce que feront à leur tour tous les ministères qui leur succèderont, quelque purs que soient d'abord les élémens dont on pourra les composer.

Dans ces deux cas, dans le dernier surtout, qui renchérit sur le premier en conséquences effrayantes, notre travail serait plus qu'inutile; nous le répétons, il serait dangereux, car il signalerait, à l'ennemi qu'il s'agit pour nous d'affaiblir, par où ses retranchemens peuvent être attaqués avec succès, et quels moyens, après l'avoir dompté, la royauté aurait de le maintenir sous son joug si, s'étant ravisée enfin, elle venait à ne plus se séparer de ses amis. On sent en effet aisément ce qu'un tel avertissement donné à la révolution pourrait lui suggérer de précautions à prendre lorsque, par un des caprices, quelquefois si inexplicables, du faux système supposé, à son tour elle arriverait à la toute-puissance.

Quelques données principales vont donc dominer dans tout ce qui va suivre : c'est que la France possède enfin un gouvernement franchement *royaliste*.

Qu'assez mise à l'épreuve de tout ce qu'elle peut avoir à souffrir d'un gouvernement contraire, à n'importe quel degré ou quel titre, à ses besoins, à ses vœux, à ses intérêts; elle n'a plus à craindre de se voir rejetée dans les mauvaises voies où elle s'est vu balloter en tant de sens divers, depuis 1815;

Que tout, dans l'atmosphère de la toute-puissance ministérielle, s'est épuré de telle sorte que le gouvernement qui, plus qu'on ne le croit, et plus qu'il ne le croit lui-même, possède *un caractère* pour convertir à son gré tant de libéraux qu'il lui plaît, et pour faire de toutes parts pulluler *les bons royalistes*, ne cessera pas un seul jour de vouloir que la France soit *royaliste*;

Que, conséquent avec lui-même, il ne souffrira plus que *des royalistes* dans toutes les places; ce qui n'empêchera pas que, sauf les résultats des pasquinades libérales de quelques fous, tout ne reste à-peu-près ce qu'il est;

Enfin que, par toutes ces causes, *les royalistes* se multiplieront à tel point qu'il ne se trouvera bientôt plus personne qui veuille avoir jamais cessé de l'être; sur quoi ceux qui auraient à redouter les indiscrets explorateurs des vieux discours et des vieux actes, se trouveront un peu plus à l'aise qu'ils ne le seraient aujourd'hui avec le cynisme bavard de notre journalisme, auquel une législation plus sage aura, pour leur repos et pour celui de tous, fermé cette porte de scandale, où le faux et le vrai se produisent sous les mêmes traits avec une égale assurance.

Cela posé, nous entrons en matière.

Louis XVIII n'est pas le premier de nos rois qui ait concédé à ses sujets le droit d'élire et l'aptitude à être élu. Dans l'ordre religieux, particulièrement, nous voyons ce droit remonter jusqu'au trône pontifical, d'où il descend jusqu'à certaines abbayes, et même à tous les monastères des deux sexes.

Mais, partout, des règles austères, dont la transgression, même la plus innocente, entraîne la nullité des opérations électorales, ont été établies; non seulement pour garantir *l'indépendance personnelle de chaque électeur*, mais encore pour *diriger sa volonté libre, livrée à sa seule conscience et protégée contre toute influence étrangère, dans le sens le plus conforme au but que*, dans l'intérêt de l'objet même auquel s'applique l'élection, *doit se proposer le corps électoral, considéré d'une manière abstraite.*

Le droit de suffrage a été jugé tellement susceptible de se vicier dans sa source et dans son action, d'où s'ensuivraient des effets contraires au but de son application, qu'en certains cas, la sagesse de la loi n'a pas hésité à l'annuler d'avance dans ceux à qui il appartient, sans autre cause qu'une vague présomption d'uniformité de pensée, d'affection ou de volonté, et d'entraînement ou d'influence réciproques, tirée de la simple consanguinité qui se trouverait exister entre des co-votans.

En dernier résultat, l'abus du droit d'élection a toujours abouti à sa suppression.

Serait-ce donc parce que, dans les élections dont nous nous occupons, il s'agit des plus hauts intérêts de l'État et même, selon les cas, ou de sa mort ou de sa vie) tandis que, comme on va le voir, celles qui nous ont fourni les remarques préparatoires que nous venons de faire, ne s'appliquent qu'à des objets ou à des intérêts particuliers), que l'on voudrait les affranchir du joug de ces règles, surtout de cette précaution contre *l'influence réciproque des électeurs entre eux*; et qu'on entendrait, au contraire, que *cette in-*

fluence réciproque, loin d'être réprimée ou contrariée, doit être encouragée, secondée, protégée ; sous le ridicule prétexte que, l'élection se faisant dans un intérêt général, cet intérêt doit être compris de la même manière par chaque électeur; et que, pour amener cette uniformité de compréhension, il faut, de toute nécessité, qu'ils puissent s'en entretenir à l'avance, s'éclairer mutuellement, et s'entendre sur le moyen de faire triompher leur manière de voir.

A cela, il n'y a qu'une réponse.

Ce qu'on vient de lire est la théorie électorale de l'école révolutionnaire réduite à sa plus simple expression ; par conséquent, un gouvernement royal doit n'y voir autre chose qu'un avertissement sérieux de chercher ailleurs les principes réglementaires auxquels il doit se rallier, pour écarter de l'exercice du droit d'élection les abus qui l'ont converti en instrument de désordre et de trouble.

C'est précisément parce que les élections dont il s'agit ici sont de l'ordre le plus élevé qu'il soit possible de concevoir, que les précautions les plus sages et les plus sûres doivent en écarter des abus qui peuvent aller jusqu'à n'en faire qu'un fléau et une cause directe, immédiate, irrésistible de dissolution générale.

Remontons jusqu'au principe même du droit d'où dérivent ces élections, dans la constitution sociale que la Charte nous a donnée.

De deux choses l'une, MM. les libéraux :

Cette Charte , objet apparent de vos bruyantes adorations, mais dont bien des gens croient savoir de reste ce que vous sauriez faire, une fois parvenus au but que ne peut leur cacher votre hypocrisie, cette Charte a, comme vous avez l'air de le croire, fondé *un régime représentatif* ;

Ou bien, comme nous l'avons établi ailleurs, et comme nous acheverons de le prouver, elle ne nous a donné qu'*un régime consultatif.*

Choisissez, nous y consentons, celle de ces deux versions qui vous aidera le mieux à soutenir ce système de captation à l'aide duquel, pour en faire le monopole au profit exclusif de votre parti, vous annulez de fait le droit d'élection chez tous les esprits faux ou passionnés qui, fascinés par vos sophismes, se livrent à vos inspirations.

Est-ce au *régime représentatif* qu'appartiennent vos élections? Nous n'en disputons pas; partant de ce principe, un mot tranchera la question.

Pourrez-vous nier que, sous un tel régime, le plus grand des attentats qu'on puisse supposer, c'est une atteinte quelconque à l'un des pouvoirs qui le constituent; à plus forte raison l'usurpation de ce même pouvoir?

Or, n'est-ce pas usurper le pouvoir d'élire que d'exercer, sur une masse quelconque d'électeurs, une captation qui annule chez chacun d'eux son droit individuel de concourir à l'élection?

Plus vous voudrez que ce droit parte de haut, plus vous rendrez cette annulation criminelle; et plus, par conséquent, vous rendrez nécessaire d'étendre la rigueur de la pénalité qu'appelle ce crime anti-social; de telle sorte, par exemple, que si vous alliez jusqu'à rattacher votre droit d'élection à la plus folle de vos chimères, la *souveraineté du peuple*, il nous serait facile de vous prouver mathématiquement que cette pénalité pourrait s'élever jusqu'à la peine capitale pour réprimer ce que vous-mêmes, dans ce cas, vous nous forceriez de qualifier *une usurpation de la souveraineté*.

Pour éviter ces conséquences forcées du *régime représentatif*, voudrez-vous vous réduire à nous donner raison sur ce que nous pensons de la nature du gouvernement que la Charte a institué? n'êtes-vous plus que des monopoleurs du droit d'élection dans *un régime consultatif?*

Vous voilà dans un autre dédale d'absurdités d'où vous ne vous tirerez pas mieux que de celui où nous venons de vous prouver que vous ne trouveriez pas d'issue.

Pour le bien de ses peuples, le prince a cru devoir s'environner *des deux grands conseils* que constituent une chambre des députés et une chambre des pairs, auxquelles il propose ses projets de loi *pour avoir leur avis*.

Il est si vrai *qu'il ne leur demande que des avis* qu'il ne s'impose même pas l'obligation de les suivre, puisque, même ayant été approuvée sans aucun changement par les deux chambres, toute loi proposée par lui-même, nul autre n'ayant le droit de faire une semblable proposition, il demeure le maître de la supprimer, de la mettre à l'écart, si de nouvelles réflexions, dont il ne doit compte à personne, le détournent de lui donner sa sanction royale, dernier acte de sa volonté souveraine et le seul qui puisse donner vie à la loi.

Voilà assurément qui fait honneur à votre jugement, lequel, enfin, vous a déterminés à vous ranger à notre avis, et nous vous félicitons de ce que vous voilà d'accord avec nous pour ne voir, dans la Charte, qu'*un régime consultatif*.

En effet, il est impossible d'y voir autre chose sans être fou, ou de mauvaise foi; et, pour peu que durât la fiction qui nous fait supposer votre accord avec nous sur ce point; il nous serait bientôt difficile de comprendre que vous pussiez revenir à votre vieille chimère, *le gouvernement représentatif.*

Voyons donc si ce *régime consultatif* peut s'accommoder de vos subornations des voix électorales, lorsqu'il s'agit de la nomination des députés des départemens.

Il tombe sous les sens que vous allez directement contre le vœu du prince, qui n'a point demandé, pour en faire sa conseillère, une chambre des députés nommée par quelques intrigans de Paris qui, par des machinations ténébreuses, par mille mensonges publics, s'attacheraient à pervertir l'opinion générale de son royaume, à aliéner de son gouvernement la confiance et l'affection de ses sujets, et parviendraient à dominer une assez grande masse d'électeurs pour qu'enfin cette chambre se vît tout-à-coup envahie par des hommes indignes de sa confiance royale, et de qui il ne pourrait attendre que des conseils pernicieux, si surtout ils se trouvaient de ceux qui professent cette maxime : *le pouvoir ne se donne pas, il s'usurpe*, d'après laquelle le sien serait peu capable de leur en imposer et d'étonner l'audace de leurs ambitieux complots.

C'est ici que l'excès de l'abus engendre nécessairement la perte de l'usage.

Or, si jamais, dans l'intérêt de sa conservation, que son devoir le plus sacré lui défend de perdre un seul instant de vue, la royauté, se repliant sur elle-même, rentrait dans sa toute-puissance, pour tromper vos complots sans cesse renaissans; seuls coupables d'une résolution que vous auriez rendue nécessaire, oseriez-vous l'imputer à d'autres que vous?

Ne sera-ce donc pas protéger contre vous-mêmes cette Charte qui vous tient tant à cœur, si du moins il faut vous en croire, que de soustraire les élections qu'elle a instituées aux corruptions de votre influence ainsi qu'aux humiliations de votre despotisme avilissant?

La Charte, en appelant une chambre des députés auprès du trône, pour l'éclairer de ses conseils, n'a pas entendu la peupler d'hommes vendus à un parti : elle a espéré que ces hommes seraient l'élite de la nation; et elle a fondé son espérance sur *l'indépendance des électeurs* qui, livrés à leur seule conscience, ne choisiraient en effet que les plus dignes et comprendraient fort bien d'eux-mêmes que, sous un gouvernement royal, les plus dignes ne doivent, ne peuvent se trouver que parmi les royalistes les plus prononcés, et non parmi les régicides ou parmi leurs admirateurs, ou parmi ceux qui ont l'air de regretter de *n'avoir pas l'honneur de l'être* (1).

Pour bien juger votre système perturbateur et notre utopie pacifique, il ne faut que les pousser l'un et l'autre à leurs dernières conséquences.

Voyons donc : essayons cela.

A force d'intrigues, de votre part, et de lâches condescendances, de la part du gouvernement, est enfin arrivé le moment où vous avez atteint *l'apogée de vos succès* POSSIBLES.

Votre *parti gauche* domine la chambre des députés.

Il la domine presque sans espoir de retour, car il y compose

______

(1) Un de mes ouvrages, je ne sais plus lequel, ce que je ne me donne pas le temps de chercher dans trente-neuf volumes, dit où et quand j'ai entendu de mes oreilles ce regret exprimé, dans les termes soulignés ci-dessus, par un lieutenant-général des armées du Roi. L'ordonnance du 5 septembre n'était encore que postulée par le parti auquel elle fut accordée très peu de jours après.

la presque unanimité; vous voilà donc en mesure de défendre cet avantage, et de rester, en le perpétuant, les maîtres du pouvoir.

Une minorité royaliste aura néanmoins surnagé sur le déluge de libéralisme dont, pour arriver à ce point, vous aurez dû d'abord inonder notre pauvre France.

Il y aura donc encore *un côté droit*; car vous n'irez certainement pas jusqu'à faire à notre nation l'injure de supposer, qu'à la vue de votre triomphe, tout sentiment généreux se sera éteint partout à-la-fois; et que le Roi, la religion, les doctrines conservatrices sur lesquelles repose le bonheur des peuples n'auront plus un seul défenseur.

Eh bien ! tant faible soit-elle, dans cette minorité royaliste, dont ne purent jamais s'affranchir aucune de vos assemblées révolutionnaires, qu'à la longue elle finit toujours par renverser l'une après l'autre; dans cette minorité, à qui son impuissance même donnera le courage de protester infatigablement contre le mouvement désordonné qui aura suspendu le trône et l'autel sur un gouffre ; nous voyons, pour vous, dont les mœurs ne différeront pas de celles de vos devanciers du bon temps (1), la nécessité de remuer, comme jadis, pour vous maintenir, tout ce qui est, hommes et choses, et de faire tout passer de nouveau par le crible révolutionnaire; mais, pour nous, hommes de la droite, pour nous, honnêtes gens de 1789, de 1791, de 1793, de 1800, du 20 mars 1815, de toutes les époques

---

(1) C'est ce que ne peuvent pas concevoir les honnêtes gens qui, nous aimons à en convenir, composent la majorité libérale. Bonnes gens qui ne sentent pas que ce sont les minorités qui mènent les partis, et qu'ils seraient eux-mêmes broyés tout les premiers dans les bouleversemens que rêvent leurs meneurs, si ceux-ci pouvaient arriver à réaliser leurs chimères !

marquées par les ébranlemens politiques, que vous ou vos pareils nous avez imposés; en un mot, pour nous, royalistes, dont vous ne parviendrez jamais à vous débarrasser, parce que nous sommes la masse même de la population, nous voyons une péripétie, plus ou moins éloignée, mais à laquelle n'échappe jamais ce qui va contre la nature des choses, comme, par exemple, une majorité républicaine sous un gouvernement royal.

Cette chance, une péripétie royaliste, étant la seule naturelle, est celle sur laquelle vous devez compter comme nous.

Cependant, par combien de tribulations la France n'aura-t-elle pas acheté ce dénouement inévitable?

Voyez-la, jusque-là, poursuivre avec une fatigue extrême, pendant le sommeil de sa raison, mille chimères qui la tiennent constamment agitée entre l'espérance de son réveil qui lui rendrait le calme et le bonheur, et la crainte de voir cesser les rêves qui l'obsèdent.

Voyez son Roi toujours en défiance et en lutte perpétuelle contre une chambre qui ne déguise plus où elle veut aller; cette chambre ne considérant plus la royauté que comme l'instrument passif de son omnipotence; et enfin la nation qui, forcée de plier sous le despotisme parlementaire, en rougit, en gémit en silence, mais n'ose même plus lever un regard d'espoir vers le trône d'où ne peut plus descendre son salut.

Voilà à quoi aboutirait uniquement tout le bruit que vous faites!

Voilà à quoi se réduirait le fruit de vos efforts, si un destin fatal nous condamnait jamais à les voir couronnés de tout le succès que vous pouvez en attendre vous-mêmes!

Mais, à cette triste perspective, faisons succéder celle de

l'accomplissement des vœux de tout honnête homme, quel qu'il soit, ne fût-il royaliste que parce que nous vivons sous un gouvernement royal, ce qui n'est pas la plus mauvaise manière de l'être, mais ayant seulement un peu de sens commun.

Supposons donc la royauté vierge encore, depuis le retour de Gand, comme elle l'était avant l'horrible faute qu'on lui fit commettre le 5 septembre.

Admettons que, depuis quatorze ans, ayant mis à profit l'expérience du 20 mars, et ayant bien compris ce qu'elle a à gagner à laisser ses ennemis armés contre elle de son propre pouvoir, en leur abandonnant toutes les places, elle s'est constamment conduite en conséquence.

Cette épuration, qu'interrompit brutalement l'ordonnance de dissolution de la chambre introuvable, considérablement simplifiée par les conversions innombrables qu'elle avait déjà commencées et qu'elle a continué d'opérer, est, sans obstacles, comme sans secousses, *presque même sans déplacemens* (1), arrivée à son dernier terme.

____

(1) Rien de plus facile que ce miracle, pour tout gouvernement qui sait vouloir le faire. Rien de plus simple et de plus vrai que ce principe proclamé par M. de Villèle, contre lequel pourtant on s'est tant et si bêtement récrié, savoir : qu'un ministre ne doit sa confiance qu'à ceux de ses sous-agens qui secondent ses vues et épousent ses plans. Sans cela, daignez me le dire, y a-t-il moyen de manœuvrer avec des instrumens qui veulent agir à leur guise et non à celle de celui qui les fait mouvoir ? Mais l'indépendance individuelle, vont s'écrier les coriphées de l'opposition libérale ! L'indépendance individuelle, va beugler ou braire après eux la foule des choristes qui répètent de confiance ce qu'on leur siffle, sans même en rechercher le sens ! Que devient-elle avec un tel principe ? Elle demeure intacte, répondrai-je ; elle ne devient pas, elle reste ce qu'elle doit être. Cessez d'être mon instrument, si vous voulez être ma pensée et non pas mon moyen d'action

Un même amour du trône, un même esprit d'ordre, de justice, un même dévouement, une même tendance au bien public animent, vivifient toutes les branches de l'administration.

Tout a pris l'aspect royaliste, dans toute l'étendue du royaume.

La CONTRE-RÉVOLUTION EST COMPLÈTE.

Il ne reste plus rien, des prétendus *bienfaits de la révolu-*

Je ne prétends pas vous contraindre à me servir, en dépit de vous-même. Si vous ne voulez pas le faire (et ce serait pis que ne pas le faire que me servir à contresens), cédez votre place à un autre.

Ce principe est tellement vrai qu'il s'applique à toute espèce de gouvernement, non pas seulement public, mais même domestique. Demandez à M. Ternaux comment il agirait envers un employé dans une de ses manufactures, qui ferait de l'opposition contre son directeur, et n'exécuterait ses ordres qu'à rebours ? Pensez-vous que mener un royaume soit plus facile que mener une manufacture de M. Ternaux, et qu'une telle opposition ne puisse avoir des conséquences pernicieuses que pour le gouvernement de cette manufacture ? Nous défions qui que ce soit au monde de nier, par raisons, que ce qui est vrai, appliqué à ce gouvernement, l'est mille fois, cent mille fois, vingt, trente millions de fois plus, en proportion des masses à régir, appliqué au gouvernement d'un état.

Cela est si généralement senti, qu'assuré d'avance que, descendu dans sa conscience, aucun de mes lecteurs ne me démentira, tous, comme moi, ayant, pour se guider, autant d'expériences faites, que nous avons eu de mues gouvernementales depuis quarante ans; j'ose affirmer que si l'épuration de 1815 n'eût pas été interrompue, elle se serait achevée, comme le dit le texte, *presque sans déplacement*; et que ceux qui, restés en place, se seraient montrés les plus ardens en royalisme, auraient été précisément ceux-là même qui, depuis lors, ont cru faire une bonne spéculation en affichant, pour se donner un air d'indépendance, un libéralisme, moins solide, même aujourd'hui encore, chez la plupart d'entre eux, que n'eût été leur royalisme si la royauté eût marché dans ses voies naturelles sans hésitation et sans déviation.

tion, que quelques principes vieux comme la monarchie, que l'auteur de la Charte a repris sur elle, comme sa propriété.

Cette Charte, appliquée comme elle doit l'être, comprise comme elle doit l'être, exécutée comme elle doit l'être, c'est-à-dire monarchiquement, ou, ce qui est la même chose, dans l'intérêt commun du prince et de ses peuples, a cessé d'être un cri de ralliement et un texte de déclamations factieuses pour les hommes de parti; gage de paix et d'union, protégeant la liberté, réprimant la licence, elle n'est plus enfin, aux yeux de tous, que la base sacrée de nos prospérités.

Au milieu de nos troubles ou de nos folies militaires, qui y firent quelque diversion, jamais nous n'avons vu notre mouvement commercial essayer une seule fois de sortir du cercle des besoins de nos consommations intérieures; il n'a pas même songé seulement à chercher à étendre ce cercle étroit, par quelques créations de son génie. Eh bien! le voilà, aujourd'hui, ayant pris, il y a quatorze ans, un essor qui, non réprimé par le bruit inquiétant d'une faction qui se serait étudiée à faire revivre tous les dogmes révolutionnaires, ne cesse pas de se développer.

Le génie des découvertes, l'esprit d'invention et de perfectionnement semblent être entrés en France à la suite de nos augustes princes, rappelés d'un trop long exil.

De toutes parts, la confiance dans le règne paternel des Bourbons s'est manifestée par une activité d'industrie dont, pendant les vingt-cinq ans qui ont précédé la restauration, il aurait été impossible de se faire une idée; tant est féconde en résultats prospères cette légitimité que certains esprits forts font semblant de ne pas comprendre!

Réveillés en sursaut, d'une longue léthargie, à ce seul mot

la légitimité, les capitalistes accourus de tous côtés se sont empressés de seconder ce mouvement extraordinaire, s'en disputant à l'envi les profits.

De toutes parts, la France vous présente une physionomie satisfaite.

Rien ne la trouble dans son bonheur présent.

Rien ne l'inquiète sur son avenir.

Elle recueille en paix les fruits de l'adoption de cette idée si simple, *que nul gouvernement ne doit admettre, dans son organisation active, que des élémens homogènes et conformes à sa nature.*

Ouvrez bien vos deux yeux, promenez-les autour de vous, aussi loin que peut aller votre imagination ; vous ne verrez partout que des royalistes... que dis-je ? vous ne rencontrerez personne qui se vante même de l'être, car on ne suppose nulle part qu'il puisse y avoir, en France, autre chose que des royalistes.

Chacun jouit sans défiance et presque sans reconnaissance, tant cela est généralement considéré comme une conséquence toute simple du règne des Bourbons ! des douceurs d'une liberté qui ne se rencontrerait nulle autre part au même degré sur toute la surface du globe ; ce qui justifie bien ce qu'on n'a cessé de vous dire, avant qu'on en ait fait l'heureuse expérience que vous voyez, qu'il n'y a, pour les Français, de vraie liberté que sous la monarchie, et que celle pour laquelle vous vouliez nous tailler, au lieu de la tailler pour nous, comme le font nos rois, n'engendre que malaise, fatigue, turbulence, confusion et désordre.

Pour achever ce tableau, devant lequel je vous vois ébahis, la session actuelle approche de sa fin ; prenez la peine d'aller assister à une séance de la chambre des députés ; vous y verrez, ou M. de Conny, ou M. de La Boulaye, ou M. de Puymaurin, ou même un de nos ministres, soit M. de Montbel, soit M. de La Bourdonnaie, assis peut-être à la place même qu'occupait l'homme des répugnances, lorsqu'on fut obligé de l'empoigner pour lui faire vider la salle ; car, aujourd'hui, remarquez bien cela, il n'y a plus ni droite, ni gauche, ni centre ; les colléges électoraux, que personne ne détourne plus de suivre librement leur instinct naturel qui ne les égare, jamais, n'admettent pour candidats et ne nomment par conséquent que des royalistes ; en sorte que si, par impossible, une erreur de scrutin envoyait à la chambre un amateur de cette vieille absurdité, *une opposition systématique*, par laquelle vous avez si long-temps pu insulter impunément à une nation raisonnable comme la nôtre, en voulant la lui imposer comme une condition de son gouvernement, ce personnage hétéroclite y serait fort embarrassé de sa contenance : non seulement il ne saurait où planter la bannière de *son opposition*, mais encore il se garderait bien, par pudeur, de laisser soupçonner son mauvais tic à ses collègues !....

Des larmes échappent de nos yeux, malgré nous, en songeant que ce tableau fantastique serait de l'histoire sans l'ordonnance du 5 septembre ; et qu'au lieu de cela, nous avons... *l'alliance de la génération nouvelle avec le vieux parti de la révolution !!!...* Laissons ce mouvement de sensibilité se calmer.... essuyons ces larmes.... et rentrons dans notre sujet.

Avant le siècle des lumières, auquel il ne manque plus que de réaliser la plaisanterie de Molière, sur la translation du cœur de la gauche à la droite, pour avoir tout changé dans les vieilles sottises de nos pères, que la jeunesse pensante et agissante d'aujourd'hui surpasse, en savoir, en raison, en sagesse, *de ce qu'un géant dépasse des pygmées*, on avait de singulières idées sur le droit de suffrage ! Mais, ce qu'il y a de plus singulier, sans qu'aucun de nos modernes docteurs ait l'air de s'en douter, c'est que ces mêmes idées, transportées dans notre législation, d'où on a oublié de les déloger, régissent encore notre police judiciaire !

Les déclarations du 25 août 1708 et 30 septembre 1738 veulent que, dans les tribunaux, les suffrages uniformes de deux proches parens, savoir, du père et du fils, de deux frères, de l'oncle et du neveu, du beau-père et du gendre, et de deux beaux-frères, ne soient comptés que pour un.

Les édits du mois d'août 1669 et de janvier 1681, qui, avant les deux déclarations ci-dessus, avaient établi ce principe, en donnent pour motif que *les suffrages doivent être libres dans les tribunaux.*

Quoi ! tant de précautions dans l'ordre judiciaire, contre l'influence réciproque dont des liaisons de consanguinité font, peut-être à tort, supposer l'existence ! et cela, lorsqu'il ne s'agirait que de l'intérêt le plus mince, par exemple, de porter un jugement sur

Un rapport à la cour.
Du grain que peut manger une poule en un jour.

Et en matière d'élections, dans l'ordre politique, on oserait soutenir que *la liberté des suffrages* n'est pas aussi précieuse, aussi essentielle ; et qu'au lieu de la protéger contre les atteintes de l'esprit de parti, l'incurie de la législation doit la livrer à toutes les séductions, à toutes les cabales d'une faction qui voudrait s'en attribuer le monopole, sans même que le gouvernement, contre lequel seraient dirigées les machina-

tions secrètes ou publiques des factieux, pût opposer à l'influence corruptrice de ceux-ci, celle de l'intérêt public, de la
raison publique, de la morale publique, dont lui seul est
l'interprète légitime et le défenseur naturel ?

Que le gouvernement s'abstienne de prendre, par lui ou par
ses agens, une part quelconque à l'action régulière de l'élection des députés ; c'est ce qui est de toute justice et doit être
placé au rang de ses devoirs les plus positifs ; car, tout ainsi
que dans les tribunaux, les suffrages doivent être parfaitement libres dans les colléges électoraux.

Mais si leur liberté s'y trouve menacée par une captation
habilement tissue, préparée de longue main, et publique-
ment avouée, ayant pour objet de réunir en un seul suffrage
un grand nombre de votes individuels, l'autorité serait coupable de demeurer immobile et muette en présence de cet
attentat : elle devrait, au contraire, intervenir entre des subornations factieuses et entre les dupes qui pourraient s'y abandonner, et déjouer, par tous les moyens quelconques qui sont
à sa portée, une espérance criminelle.

C'est dans les formes de l'élection surtout que doivent se
trouver les moyens répressifs des machinations des partis contre l'indépendance individuelle de chaque électeur.

Mais, ici, il faut être tellement clair, tellement précis,
que les aspirans au monopole des suffrages électoraux ne puissent essayer de tourner contre le pouvoir public, protecteur
né de toutes les libertés, intéressé lui-même à les défendre, et
dont, par conséquent, il est souverainement ridicule de le
supposer l'ennemi, les dispositions tendantes à préserver de
toute influence extérieure chaque vote individuel.

L'habileté de l'esprit de parti s'est déjà exercée à cet égard ;

et, ce qui est pitoyable, elle l'a fait avec un succès qu'on a à peine osé lui disputer, lui laissant même l'avantage d'avoir de son côté l'apparence de la raison et du droit légal , tandis qu'il ne s'appuyait que sur l'argumentation la plus fausse.

Nous voulons parler du *vote secret*, et de l'obligation imposée à chaque électeur d'écrire le sien sur le bureau même du collége.

Rappelez-vous le bruit que ne manquent jamais de faire les journaux jacobins sur le plus petit incident qui survient dans les nominations qui leur échappent.

Ils se plaignent que les suffrages n'ont pas été libres, parce que leurs frères et amis n'ont pu, en écrivant leurs votes, échapper aux regards des scrutateurs, du secrétaire et du président, lesquels, au mouvement de leur plume, ont pu deviner le nom de leur élu.

Ils prétendent qu'une place à l'abri de ces regards inquisiteurs doit être disposée de manière à protéger le *secret de leur vote.*

Combien de fois ne les avez-vous pas entendus se vanter d'avoir trompé la curiosité indiscrète du bureau, au moyen d'un de ces cartons qu'ils ont interposé entre eux et ses membres, ou crier à la tyrannie quand ceux-ci n'ont pas voulu supporter cet outrage à leur impartialité, ce qui est, de leur part, un devoir rigoureux, car eux seuls, en voyant écrire le vote de chaque électeur, peuvent assurer l'exécution de la loi à ce sujet, et garantir qu'un escamotage facile ne substituera pas un bulletin écrit d'avance à celui qu'exige la loi ?

Tout ce fracas aurait-il eu lieu, si l'on eût arrêté ces sophistes dès le premier mot, en leur expliquant *l'unique motif* du *secret des votes*, lequel n'a pas été introduit en défiance des officiers du bureau de chaque collége ; mais comme un préservatif quelconque, tant faible soit-il, des influences extérieures qui transforment en simple mécanique, en véritable automate, l'électeur qui s'y laisse prendre et qui, dès ce moment, n'est plus qu'une machine à voter aveugle, sourde et dénuée de toute intelligence?

Ce qui prouve sans réplique que le *secret du vote* ne dérive pas d'une autre source, c'est l'obligation même de l'écrire sur le bureau en présence des officiers de l'assemblée.

C'est une pauvre idée sans doute! surtout quand on pense qu'elle dériva, il y a quarante ans, de la supposition qu'un grand nombre d'électeurs illétrés auraient besoin d'un secrétaire! Appliquée à des assemblées uniquement composées d'hommes payant au moins 300 francs de contribution, on peut bien l'appeler la précaution inutile, car, dans cette classe d'électeurs, Paris seul excepté peut-être, dans certains faubourgs, il y aura toujours, dans chaque collége, mille contre un à parier qu'il ne s'en trouvera pas un seul incapable d'écrire un nom : aussi est-il évident que les inventeurs de cette vaine formalité n'ont fait autre chose que la transcrire machinalement, sans examen, sans réflexion, des règlemens des assemblées primaires de 1791, où elle avait une utilité positive, beaucoup de votans devant se trouver dans le cas de dicter leurs votes aux scrutateurs, dans des assemblées où étaient appelés tous les contribuables payant seulement la valeur de trois journées de travail.

Il n'en est pas moins vrai, que le vœu de la loi est, 1°. que chaque conscience électrice soit individuellement livrée à elle-même; 2°. que le *secret du vote* a pour objet de soustraire chaque électeur, considéré isolément, non-seulement à toute influence extérieure, mais encore à celle que pourrait exercer sur lui la connaissance qu'il aurait, fortuitement ou non, des choix qu'auraient faits ou un parent, ou un ami, ou un voisin, ou tout autre collègue en qui il aurait plus de confiance qu'en lui-même ; d'où il s'ensuit que tout électeur qui ferait connaître son vote avant la clôture du scrutin devrait *ipso facto* perdre son droit actuel de suffrage, de la même manière qu'il y a lieu à récusation contre un juge qui a fait connaître son opinion avant le jugement.

La législation électorale, perfectionnée, si besoin est, avant une nouvelle réunion des chambres, par un acte de sou-, veraine puissance royale, doit donc venir au secours de *ce vote secret*, en proscrivant impérieusement toutes confidences, toutes communications réciproques entre les électeurs, soit avant, soit pendant l'assemblée de leurs collèges, sous peine, contre tout électeur accusé et convaincu devant l'assemblée d'avoir enfreint cette loi de silence absolu sur ses dispositions personnelles, d'être privé de son droit de suffrage dans l'élection actuelle, sans préjudice de privation à temps ou pour toujours, suivant les cas, de sa qualité d'électeur, s'il était convaincu, devant les tribunaux, d'avoir cherché à exercer sur un ou plusieurs autres électeurs une subornation tendant à disposer de leurs voix, dans n'importe quel but ou au profit de qui.

Ici devient indispensable, en outre, la sanction du serment individuel de chaque électeur.

Ce serment doit comprendre surtout son obéissance à la loi de silence qui lui est imposée et sa déclaration qu'il ne l'a pas enfreinte hors du collège et avant l'ouverture de sa séance.

Il faut, ou se résoudre à subir ignominieusement et avec tous ses dangers, l'anarchie électorale qui fait trembler sous nos pieds la terre monarchique; ou en venir là, comme à l'un des plus sûrs moyens d'obtenir, *dans l'intérêt même de l'objet auquel elle s'applique*, comme nous l'avons dit ailleurs, que, tout naturellement et toute atteinte possible à la liberté individuelle de chaque électeur se trouvant bien réellement écartée, *l'élection se dirige comme d'elle-même dans le sens le plus conforme au but que doit se proposer le corps électoral, considéré d'une manière abstraite.*

Ceci est conforme à l'esprit du droit canonique, lequel ne le cède à aucun autre, en sagesse, en prévoyance, en esprit d'ensemble, en profondeur de vues, et (ce qui, à coup sûr, fera sourire un docteur libéral sans qu'il se sente toutefois le courage de venir nous contester le fait preuves en main) en volonté constante ainsi qu'en moyens efficaces de protéger toutes les libertés individuelles, tous les droits individuels, en les faisant converger vers le centre commun de toute police bien ordonnée, l'intérêt général.

Le concile de Bâle veut que les électeurs ecclésiastiques entendent, avant l'élection, une messe du Saint-Esprit; qu'ils se confessent et communient; et que ceux qui ne satisferont pas à ces devoirs soient privés du droit d'élire pour cette fois.

Honneur à la philosophie qui nous a élevés au-dessus de ces niaiseries superstitieuses; mais elle nous a laissé les sermens; nous nous en servirons donc, puisque tel est son bon plaisir.

Elle n'y a attaché, il est vrai, aucune sanction religieuse, ce qui pourrait bien être un non-sens de quelque conséquence et nous porterait presque, afin de nous accommoder à nos croyances mixtes et aussi afin de sauver à l'état la honte de se montrer indifférent à cet égard, et surtout celle de supposer, chez des Français exerçant des droits politiques, l'absence de toute croyance, ce qui, disons-nous, nous porterait presque à proposer que le curé de la paroisse, un ministre protestant, même un rabbin, si besoin est, assistassent à l'assemblée de chaque collége pour y recevoir chacun le serment de ses coreligionnaires, nul n'étant admis à voter sans avoir prêté ce serment. Prenons toutefois les choses comme elles sont, et, sans nous opposer pourtant à ce qu'on mette à profit ce que nous venons de dire, prouvons que le serment d'un électeur peut aller jusqu'à ce que nous avons indiqué *dans l'intérêt même auquel s'applique l'élection.*

Dans le droit canonique, nous trouvons que chaque électeur doit faire serment qu'il choisira celui qu'il croira en conscience pouvoir être le plus utile à l'Église, et qu'il ne donnera point son suffrage à celui *qu'il saura avoir pratiqué directement ou indirectement des manœuvres, ou fait des promesses ou dons pour se faire élire.*

Lorsque les suffrages *ont été le résultat d'une captation* de la part d'une puissance séculière, l'élection est nulle, et les électeurs sont suspendus pendant trois ans de leur ordre ou bénéfice d'où dérive leur droit d'élire.

Avant *de confirmer* celui qui est élu, *le supérieur* informe d'office s'il est de bonnes vie et mœurs et de bonne conduite; et s'il a les qualités et capacités requises, ce qui a lieu quand même personne ne critiquerait l'élection.

Les deux premiers articles ne faisant que prêter leur appui à nos principes antérieurement exposés et répandus dans tout cet écrit, nous ne nous y arrêterons pas; quant au dernier, nous ferons remarquer seulement que la chambre en exécute la seconde partie par ce qu'elle appelle la vérification des pouvoirs, et s'est même quelquefois étendue jusqu'à la première, témoin l'exclusion de l'abbé Grégoire et celle de M. Manuel : mais ce sont là des moyens d'épuration dont nous n'admettrions pas volontiers l'application à tous les députés élus et non encore admis ; et sans doute Buonaparte en pensait comme nous, lorsqu'il réduisit ses corps électoraux à ne nommer que des candidats parmi lesquels étaient choisis, par son sénat conservateur, les membres de ce qu'il appela *le corps législatif...* Il manque, ce nous semble, quelque chose à notre système actuel !... Nous pourrions peut-être découvrir ce que c'est, si nous prenions la peine d'en faire la recherche, aidés de ce troisième principe de droit canonique relatif *à la confirmation d'un élu par son supérieur ;* mais il nous plaît de nous en abstenir, quant à présent : seulement, nous profitons avec plaisir de l'occasion que nous avons ici de faire observer avec quelle dextérité Buonaparte sut esquiver, pour organiser sa machine politique, des difficultés qui, aujourd'hui, d'après les préjugés contradictoires dont s'est laissé imboire le peuple libéral, et d'après la timidité avec laquelle on s'est habitué à capituler avec ces préjugés, seraient pour nous des monstres que l'on n'oserait aborder.

Il faut pourtant avouer que ce n'est pas un état de choses naturel, et dont la raison calme d'un homme de bonne foi puisse s'accommoder, qu'une chambre des députés où se peuvent produire et où se produisent en effet, sans mesure comme sans relâche, des discours tels souvent qu'il serait impossible au procureur du Roi le plus-tolérant de les souffrir partout ailleurs sans les dénoncer aux tribunaux : que c'est déjà beaucoup trop que, sous le sot prétexte *que chaque opinion doit avoir son organe*, absurdité révoltante qu'une époque comme la nôtre a pu seule adopter comme maxime de droit politique, il puisse exister un *Constitutionnel*, un *Courrier Français*, un *Journal des Débats*, etc. (un *Journal des Débats* surtout, le plus coupable des journaux factieux, le plus pernicieux, le plus digne du mépris et de la haine de tout homme de bien !) sans que la partie raisonnable de cette chambre et la nation entière, qui en lit les séances, soient, chaque jour et à tout propos, condamnées à entendre d'impitoyables paraphrases de ces feuilles perverses, sur lesquelles même, enhardis par l'inviolabilité de leur caractère, renchériront, à l'envi l'un de l'autre, des orateurs privilégiés, qui, sans pudeur, s'extasient chaque jour sur les bienfaits de la révolution et divinisent ses doctrines.

Il y a dans tout cela une telle anomalie, une telle complication de germes morbifiques infectant le corps politique, qu'il est impossible de ne pas payer un tribut d'éloges à Buonaparte, qui sut en préserver son gouvernement de la manière la plus heureuse ; et de ne pas se sentir intérieurement convaincu que les choses ne peuvent pas rester ainsi, sans mener l'état à sa perte; et que si la belle conception législative de Buonaparte peut paraître encore un aliment trop substantiel pour nos estomacs délabrés par la crudité de la mauvaise nourriture dont on nous a gorgés depuis quinze ans, il doit y avoir à mettre à la place *quelque chose* qui tienne lieu de *cette confirmation d'un élu par son supérieur*, qu'exige le droit canonique.

En attendant que ce *quelque chose* se trouve, disons comment nos rois, prodigues de confiance envers leurs sujets, se sont vus, quelquefois, amenés, malgré eux, par l'abus des concessions qu'ils leur avaient faites, à restreindre ces concessions, et souvent ont fini par les leur retirer en entier.

Personne, jusqu'ici, du moins à notre connaissance, ne s'est avisé de trouver à redire à ce que toutes les places de judicature soient nommées par le Roi.

On n'a pas contesté cet axiôme : *toute justice émane du Roi*; or, comme chacun sent que le Roi ne pourrait suffire par lui-même à juger les différens de ses sujets, se condamnât-il à ne pas bouger de dessous l'arbre à l'ombre duquel, à Vincennes, un de ses plus illustres aïeux se plaisait à payer cette dette du trône, nous trouvons tous très bien qu'il se fasse, pour cela, remplacer par des magistrats spéciaux, et que ces magistrats soient nommés par lui.

Il est vrai que, rentrant par une autre voie dans les idées de Montesquieu, qui préférait autre chose à ces nominations, nous avons voulu, à côté de cela, une garantie de *l'indépendance* des juges. Mais où avons-nous cherché cette *indépendance ?* précisément là où elle pouvait le moins se trouver, telle, du moins, qu'il la faut concevoir quand on sait se bien pénétrer de l'objet auquel elle doit s'appliquer.

En ceci, nous avons fait comme en tant d'autres choses, dont se compose notre politique moderne, nous avons marché en sens inverse du sens commun.

Nous avons considéré le trône comme ne devant constamment être, pour nous, qu'un objet de défiance; et c'est, en conséquence, contre ses seules séductions, dont la possibilité ne saurait se concevoir que comme accident et dans un temps de troubles, et dont même, alors, les effets ne descendraient pas au-dessous des hautes régions sociales, que nous avons voulu protéger la magistrature par son inamovibilité.

Nous connaissons plusieurs pays où nous ne conseillerions pas l'emploi de ce moyen *d'indépendance*, uni à de modiques honoraires.

Dans ces pays, nous trouverions plus sage de songer, d'abord, aux mille et mille portes bâtardes par où se pourraient introduire, dans le sanctuaire de la justice, des séductions bien autrement pernicieuses, puisqu'elles pourraient aller jusqu'à jeter le trouble dans toutes les familles.

Si nos réformateurs avaient envisagé cette question sous ce point de vue, peut-être auraient-ils compris d'eux-mêmes, que le meilleur et peut-être le seul préservatif d'un si redoutable fléau, heureusement impossible dans notre France, tant qu'il y restera quelques traces de nos vieilles mœurs (1), est dans la faculté que le souverain, isolé qu'il est par sa position même des misérables passions qui divisent ses sujets, et plus

______

(1) Comme nos vieilles mœurs étaient différentes de celles *de notre génération nouvelle !* Dans l'ancien régime, les juges seigneuriaux n'étaient point *inamovibles;* un seigneur de paroisse pouvait changer de bailli quand bon lui semblait; mais, s'il avait le droit de renvoyer celui qu'il ne voulait pas conserver, il n'avait pas celui de le diffamer. Pour que la destitution de celui-ci fût maintenue, il fallait qu'elle n'énonçât aucun sujet de mécontentement. Dès qu'elle renfermait l'exposition d'un motif quelconque, elle était annulée par les parlemens et le juge seigneurial était maintenu dans ses fonctions, en dépit de son seigneur dépouillé ainsi par le fait de son droit de nomination. Aujourd'hui, c'est tout autre chose ! Voyez par quelles diffamations effrénées nos jeunes écervelés, qui saupoudrent nos petits journaux de ce sot esprit qui vous fait lever les épaules, et nos vieux révolutionnaires qui continuent le journal des tigres ou le multiplient sous vingt autres qualifications, préludent aux destitutions qu'ils veulent obtenir ! Les danses des cannibales, autour du malheureux qu'ils s'apprêtent à dévorer, offrent un tableau moins révoltant que ce résultat des progrès de nos lumières et de notre civilisation.

intéressé que personne à ce que rien n'altère, ne vicie l'action des tribunaux, aurait de donner et de retirer, à son gré, sa confiance à ceux à qui il confie la garde des lois et sa main de justice.

Cette idée libérale, *l'indépendance des juges, fondée sur leur inamovibilité*, est de la même famille que celle de *la nécessité d'une opposition systématique dans notre* GOUVERNEMENT CONSULTATIF. L'une et l'autre partent du même point, la présupposition d'un esprit de nuisance inhérent à l'autorité suprême; d'où, nécessité de se tenir en défiance perpétuelle contre elle et de la contrarier dans tous ses actes : absurdité dont s'acquiert la démonstration sans un grand effort de logique, rien qu'à examiner où elle vient aboutir en dernier résultat.

S'il faut sans cesse se défier de la royauté, la royauté est donc un mal.

Si on la souffre, il ne faut donc pas la laisser libre; il est nécessaire, au contraire, de lui donner de bons tuteurs.

C'est à l'opposition que nous devons la révélation de sa nuisance; c'est elle qui a le soin de nous en garantir : l'opposition est donc plus sage et plus habile que la royauté; donc aussi c'est à l'opposition qu'il faut que le gouvernement soit remis.

D'après cela, s'agit-il d'autre chose que de former une liste des habiles gens qui font le plus de bruit dans nos journaux de l'opposition, ne trouvant jamais qu'à critiquer dans tout ce qui se fait et indiquant, en tout, le véritable biais à prendre; et de choisir parmi eux ceux à qui sera confié le pouvoir?

A coup sûr, voilà qui va couper court à tous nos embarras ! voilà qui va mettre fin au fracas qui se fait depuis deux mois que le Roi nous a donné de nouveaux ministres ! L'élite des grands docteurs de la rue des Prêtres, le géant des grands publicistes du *Constitutionnel*, le *primus inter pares* des grands savans du *Courrier Français*, etc., ont remplacé ce ministère qui avait tant exalté leur bile! l'âge d'or est arrivé enfin! vous allez voir comme tout va marcher, sous ces honnêtes gens, dont les intentions sont si bonnes, si pures, et les talens si transcendans et si universels!

— Quel est celui de nos lecteurs qui ne pouffera pas de rire à la vue de cette esquisse, au simple trait, de la caricature la plus facétieuse qui jamais ait été exposée à la rue du Coq?

Revenons à la nomination de la magistrature par le Roi, ce qui paraît, tout comme à nous, si naturel, si simple à tout le troupeau libéral.

Il n'en fut pas toujours de même, tant, avides qu'il furent toujours du bonheur de leurs peuples, nos Rois, de tous les temps, se complurent à saisir toutes les occasions d'étendre le cercle des libertés civiles et politiques de ce noble pays de France!

Lorsque le parlement, devenu sédentaire, eut été fixé à Paris, Philippe de Valois, par lettres de février 1327, se dessaisit, en faveur de son chancelier, auquel furent adjoints à cet effet quatre conseillers au parlement et le prévôt de Paris, du droit de nommer les conseillers au Châtelet.

En 1355, Charles V transporta au parlement lui-même ce droit de nomination, et y comprit même celle du chancelier qui, ainsi que les conseillers et présidens du parlement, furent dès lors nommés au scrutin par cette compagnie.

Charles VI, en 1400, confirma cette prérogative dont le parlement continua de jouir jusqu'au mariage d'Henri, roi d'Angleterre, avec Catherine de France, fille de ce même roi Charles VI.

A cette époque, pour obvier à des abus qui s'étaient introduits dans les nominations attribuées au parlement, le roi réduisit la prérogative de celui-ci au droit de présenter, pour chaque place vacante, trois candidats parmi lesquels S. M. choisirait celui qui lui paraîtrait le plus digne.

Afin de se maintenir indirectement dans son ancien droit d'élection, le parlement prit l'habitude de placer sur sa liste, à côté de celui qu'il voulait que le roi nommât, deux sujets inconnus et incapables, ce qui lui réussit assez long-temps (1).

Charles VII remarqua cette supercherie : pour la déjouer, il priva le parlement de toute participation à l'élection de ses membres ; et, depuis lors, nos rois nommèrent seuls à toutes les places de judicature, jusqu'à François Ier. qui introduisit la vénalité des charges, sur quoi nous renvoyons nos grands publicistes à ce qu'en pense Montesquieu.

Cela n'empêcha pas les parlemens de remplir leurs hautes fonctions à la satisfaction du prince et de son peuple, et même de se prétendre, plus tard, les états généraux au petit pied.

Nous avions donc raison tout-à-l'heure lorsque, à propos de ses fourberies audacieuses et de ses prétentions arrogantes, nous avertissions le parti qui a entrepris le monopole des élections que *l'excès de l'abus peut enfin amener la perte de l'usage.*

Eh ! qui peut garantir, en effet, que les abus d'un régime, que malheureusement on ne nous a fait essayer qu'en le prenant à rebours presque dans toutes ses parties, n'amèneront pas, plus tôt ou plus tard, la nécessité d'y renoncer, ou

---

(1) Buonaparte, dans un cas semblable, s'apercevant de la supercherie, la corrigea d'une manière toute simple. Il choisit le plus nul des trois candidats présentés ; les présentateurs ébahis, mais n'osant se plaindre, se tinrent pour dit de ne plus jouer à ce jeu.

tout au moins d'y apporter des modifications qui en changeraient la physionomie sans en changer l'essence ni l'objet?

Pense-t-on que, ce cas survenant, la France s'abandonnerait, de gaîté de cœur, aux inspirations diaboliques de ceux qui, sans miséricorde, la mettraient mille fois sens dessus dessous, plutôt que de souffrir qu'on l'arrachât à leur détestable influence?

S'aveuglerait-on au point de croire qu'elle balancerait un seul instant, entre son Roi, lui ouvrant une large voie de salut, et entre des factieux levant enfin le masque et voulant la jeter dans les horreurs d'une révolution nouvelle (1)?

---

(1) Lorsque nous avons écrit ce passage, les associations pour l'impôt, monstruosité anti-sociale, heureusement aussi radicalement impraticable qu'elle est souverainement absurde, étaient encore cachées dans les immenses profondeurs du vide d'où nous sont arrivées toutes les idées vaporeuses dont se compose la politique libérale. Nous regrettons de n'avoir pas connu plus tôt ce nouvel attentat par lequel quelques sophistes semblent avoir en vue de donner un démenti matériel au philosophe périgourdin qui pense bonnement que *rien n'est de si difficile dissolution qu'une civile police.* Si cette question était venue plus tôt se présenter à nous, nous aurions volontiers rompu une lance avec quelques-uns des idéologues qui ont publié les motifs de leur adhésion à cette invention diabolique, bien assuré d'avance de les renverser tous sur l'arène, couverts de confusion, en présence des juges du combat : notre cadre se serait donc agrandi en conséquence. Mais, tel qu'il se trouve circonscrit, nous ne pouvons y donner place à ce nouvel épisode révolutionnaire ; il ne serait ici qu'un horsd'œuvre, car nous ne pourrions, sans refondre tout notre travail, nous y en occuper que très superficiellement ; nous préférons le laisser à l'écart, puisque nous ne pourrions entrer ici dans tous les développemens qu'exigerait la discussion de ce coup-d'État, dont nous menace le libéralisme. Cette question est trop sérieuse pour n'être agitée qu'en passant, bien que, sur son seul énoncé, tout homme sensé en trouve la solution écrite au fond de sa conscience.

Non, non ! les quarante années que nous avons vues s'écouler, au milieu de tant de folies, de tant de fureurs, de tant d'illusions, de tant d'espérances déçues, n'ont pas été perdues pour elle ; et si la royauté, l'appuyant encore sur la Charte, daignait ne pas abandonner son régime *consultatif*, sous lequel, en effet, peuvent s'abriter sûrement et se développer à l'aise tous les vrais élémens de la prospérité publique, ce ne serait qu'au milieu des bénédictions de tous les gens de bien qu'on la verrait débarrasser notre système électoral de ce qu'il a de sauvage et d'indisciplinable ; et, par de nouvelles combinaisons, faciles à imaginer, ne s'agissant pour elle au fond *que d'avoir de bons et loyaux conseillers*, obtenir que sa chambre élective, trop souvent, jusqu'ici, théâtre dégoûtant du plus insupportable scandale, ne soit plus une arène où toutes les passions mauvaises viennent, avec la cynique impudence qui les caractèrise, se produire au grand jour dans leur hideuse nudité, et un champ de bataille où, éternellement inconciliables, se combattent infatigablement les deux principes du bien et du mal.

Il n'est ici qu'un seul moyen d'écarter la nécessité toujours fâcheuse de recourir aux remèdes extrêmes, qu'en toute maladie, morale, physique ou politique, appelle un paroxime qui serait le symptôme d'un danger imminent : c'est de se rallier aux principes conservateurs dont la Charte est tissue, pour qui sait les y découvrir ; et surtout de ne pas négliger d'en tirer toutes les conséquences synthétiques, afin que, dans leur application à notre guérison, rien n'échappe à leur influence salubre.

Plusieurs fois nous avons fait justice de l'impertinente conséquence que les docteurs révolutionnaires tirent de cette Charte où ils voient un *gouvernement représentatif*, au lieu de ce sage et raisonnable *régime consultatif* auquel elle a incontestablement voulu se réduire ; d'où selon eux s'engendre, comme condition nécessaire de ce gouvernement imaginaire, le fracas pitoyable dont ils nous étourdissent depuis quinze ans , et au milieu duquel il doit nous être démontré, à tous , tant que nous sommes n'appartenant pas à cette école de désordre, que tout gouvernement sera à jamais impossible (1).

----

(1) Tel est le désordre où nous sommes qu'il faut, sous peine de mort, y trouver promptement un remède. Si, ce qui n'est pas heureusement, telle est du moins notre manière de voir, quoique déjà (voyez le *Journal de Paris*, 20 octobre, qui n'a pas été arrêté à la poste), la faction radicale se croie si sûre de son fait qu'elle ne cache plus ce qu'elle veut, et qu'elle demande *en propres termes* LA RESTAURATION DE LA RÉVOLUTION ; si , disons-nous, la Charte ne peut pas suffire pour nous tirer de ce bourbier où nous ont enfoncés, peut-être avec les meilleures intentions du monde, des ministères qui ont cru pouvoir civiliser par des caresses les hommes de la révolte, et leur ouvrir impunément toutes les voies pour propager leurs affreuses doctrines sous l'épouvantable prétexte *du respect dû aux opinions*, il n'appartiendrait qu'à un fou ou à un scélérat de prétendre qu'il faudrait que le gouvernement nous laissât périr et pérît avec nous plutôt que de chercher ailleurs des moyens de salut.

L'an passé, dans une brochure que les journaux ont laissé passer sans mot dire, comme vraisemblablement ils le feront de celle-ci, nous avons cité un passage de Plutarque que le public n'a pas pu remarquer ; nous le répétons ici comme un excellent à propos :

« S'il fallait absolument remplir tous ses devoirs, observer toutes les
» règles de la justice pour régner, Jupiter lui-même n'en serait pas ca-
» pable. »

C'est Plutarque qui a dit cela. Mais qu'est-ce que Plutarque auprès de nos avocats libéraux ! Plutarque ! Plutarque ! Cela est vieux à faire pitié ! C'est bien à lui à prétendre illuminer *notre génération nouvelle !* Parlez-nous de ces avocats, *de ces* LÉGISLATEURS , comme ils s'appellent, qui

Nous avons démontré que, dussions-nous admettre *ce régime représentatif*, le mutisme politique, surtout en présence des chambres assemblées, est une conséquence rigoureuse de nos formes politiques actuelles, ce qui ne peut être contredit qu'à Charenton ou à Bedlam;

Nous avons prouvé, aussi clair que le jour, que l'annulation de toute influence réciproque des électeurs entre eux, était l'unique sauve-garde de l'indépendance individuelle de chacun d'eux;

Nous avons établi que telle est la volonté de la loi, laquelle n'a eu d'autre objet, en ordonnant le *secret des votes*, que de laisser chaque électeur livré à sa seule conscience;

Nous avons assimilé, et ici, comme dans tout le reste, nous défions les plus forts du parti de soutenir en champ clos contre nous la thèse contraire, nous avons, disons-nous, assimilé les électeurs qui feraient connaître leurs votes individuels avant la clôture du scrutin, aux juges, qui sont récusés lorsqu'ils laissent percer leur opinion avant le jugement; et nous avons, en conséquence, proposé de priver du droit de concourir à l'élection actuelle tout électeur ayant enfreint cette loi de silence : nous l'avons même soumis à perdre, à temps ou pour toujours, sa capacité électorale, s'il est convaincu d'avoir cherché à capter, n'importe pour qui, le suffrage d'un ou plusieurs de ses collégues.

Voilà, certes, qui va bouleverser toutes les idées libérales! A défaut de raisons, car il est impossible d'en trouver contre

______

s'associent pour tailler à notre Jupiter une bien autre besogne que celle qu'aurait jamais osé croire possible ce rêveur de la vieille Rome!

notre système dont la vérité saute aux yeux , il n'y aura pas assez de formes brutales et injurieuses , dans l'arsenal révolutionnaire , contre le téméraire qui aura eu le front de hasarder , sans se couvrir d'un masque , des propositions aussi liberticides !

Mais voici qui va renchérir sur le tout !

Puisque les consciences électorales doivent jouir de la plus parfaite indépendance ;

Puisque , dans l'intérêt de cette indépendance , elles doivent être protégées contre toute influence interne ou externe et mises à l'abri de toute séduction , captation et subornation ;

Il est sensible , qu'à dater de l'ordonnance royale qui convoque un ou plusieurs colléges électoraux, il doit être défendu aux journaux , sous peine de suppression immédiate et d'une très forte amende , de s'occuper, directement ou indirectement n'importe sous quel prétexte ou sous quelle forme, des élections à faire , leur étant enjoint, s'il leur convient d'en publier les résultats, de s'abstenir de les accompagner de leurs éloges ou de leurs critiques et de toute manifestation quelconque de leur opinion personnelle ou de celle d'autrui.

Il est tout aussi évident que semblable prohibition doit être prononcée , sous des peines équivalentes , contre toute production de la presse, de la lithographie ou de la gravure non périodique.

Enfin, il est impossible de ne pas reconnaître que toutes associations , réunions , assemblées , commissions et autres aggrégations temporaires ou permanentes , ayant pour objet d'influencer les élections, localement ou à distance, par correspondance ou autrement , doivent être interdites dans toute l'étendue du royaume ; que ceux qui en feraient partie ou leurs émissaires devraient, indépendamment de leur dégradation civique, être soumis à des peines tellement sévères et irrémissibles que nul ne pût être tenté de les affronter ni espérer de s'y soustraire, en se rendant complice du crime de subornation du corps électoral et d'usurpation des droits individuels de plusieurs de ses membres.

Parlerons-nous de cette inquisition réciproque que la dernière loi électorale a donné aux électeurs le droit d'exercer les uns envers les autres ?

Eh ! qui n'a su, qui n'a vu, qui n'a dit que ce fût là une des plus honteuses capitulations possibles pour appaiser les clameurs insensées d'un parti envahisseur, accusant les manœuvres de l'autorité afin de l'empêcher de déjouer les siennes qui ne veulent subir aucun frein ?

Assurément, il était impossible de nier que ce qu'on lui imputait à crime ne fût pas, pour l'autorité, nous ne disons pas seulement un droit, mais un devoir.

Plutôt donc que de prêter à ce parti accusateur le secours d'une loi, dont le produit le plus clair devait être l'affaiblissement des moyens répressifs des cabales révolutionnaires et l'accroissement des forces de celles-ci dans une progression inverse ; il fallait avouer, proclamer ce devoir et déclarer solennellement, du haut de la tribune, qu'il serait rempli dans toute son étendue et chaque jour avec un zèle redoublé, tant que l'indépendance des électeurs serait compromise par les subornations des journaux ou des entrepreneurs du monopole des élections.

La Charte, nous l'avons prouvé par nos propositions contre

le désordre existant, puisque ces propositions ne sont que l'application littérale des principes qui en découlent tout naturellement, la Charte fournit abondamment des moyens pour rentrer dans la voie tracée par la raison à notre régime *consultatif*, lequel, alors, produira, sans aucun mélange, tout le bien qu'on en peut espérer : rallions-nous donc fermement, franchement à la Charte, et répondons ainsi aux brouillons qui nous accusent de vouloir la répudier.

Les propositions que nous venons de faire sont autant de moyens infaillibles de lui faire porter ses fruits naturels ; ne balançons pas sur leur adoption, à laquelle certains cerveaux creux, qui auront l'air de s'en étonner comme d'une chose nouvelle, sont déjà préparés beaucoup plus qu'ils ne voudront le laisser croire.

Ce n'est pas la première fois que ces propositions sortent de notre plume.

Les journaux libéraux, même les journaux royalistes, qui, comme ils le feront peut-être cette fois encore, s'accordèrent avec les autres pour étouffer, par un prudent silence, une brochure que nous publiâmes lors de la suppression légale de la censure, à l'occasion des élections de 1827, n'en peuvent prétendre cause d'ignorance, puisque cette brochure leur fut adressée à tous directement.

Nous transcrivons de sa *Postface* le passage qui suit ; après quoi nous n'ajouterons plus rien à cet écrit, considérant notre tâche comme remplie.

« Je me demande avec stupeur de quelle idée métaphysique la loi qui régit les deux grandes affaires de notre siècle lumineux, les *élections* et la *presse*, a pu faire dériver la cessation de toute censure de la convocation des collèges électoraux.

» C'est tout juste le contraire de ce que le simple sens commun exige en pareil cas.

» Le droit d'élire, je le demande à ceux qui ne voient rien de plus sublime, à ceux même qui ne séparent pas l'idée de ce droit et celle de la souveraineté du peuple, le droit d'élire n'est-il pas la plus précieuse, la plus belle, la plus sacrée prérogative de tout citoyen appelé à l'exercer comme remplissant les conditions prescrites par les lois qui ont constitué les capacités politiques ?

» Si cela est vrai, n'est-ce pas annuler cette prérogative qu'exposer chacun de ceux qui en jouissent à n'en user que d'après d'autres inspirations que celles de sa propre conscience, de ses affections personnelles, de tout ce qui, en un mot, caractérise sa liberté de discernement, de volonté et d'action ?

» Favoriser ce qui peut porter le trouble dans la conscience d'un électeur, ce qui peut fausser sa raison, violenter ses inclinations, ce qui peut enfin substituer à sa volonté personnelle une volonté collective, imposée par un parti qui s'attacherait à fasciner ses facultés intellectuelles; c'est, de la part du législateur, *un crime* et *une inconséquence*.

» *Un crime*, puisque, par-là, détruisant d'une main ce qu'il a l'air d'édifier de l'autre, il ouvre la porte à toutes les séductions et à tous les désordres qui suivent toujours l'altération des principes moraux dans les sources mêmes de la vie sociale.

» *Une inconséquence*, car il arrive, par cette voie, à un résultat tout différent de celui qu'il voulait obtenir. Il voulait des élus qui représentassent l'opinion libre du pays; il n'obtient que des mandataires de telle ou telle faction localement victorieuse d'autres factions qui, à leur tour, obtiendront ailleurs l'avantage.

» Or, de tous les moyens de favoriser cette dangereuse déception, qui travestit en un vœu national le vœu discordant des factions, en est-il de plus actif, de plus sûr, de plus pernicieux, que de livrer à eux-mêmes des écrivains sans mission, à qui des fortuités tout-à-fait bizarres ont procuré le prétexte, non moins bizarre, du droit qu'une loi, plus bizarre encore, leur a fabriqué, de parler chaque jour au public; et de leur permettre d'emboucher la trompette des discordes civiles, chaque fois qu'il s'agit de ce qu'ils ont eu le cynisme d'appeler *la bataille des élections*, sans que nous ayons eu l'esprit de trouver une grande leçon dans cette expression énergique, qui aurait dû produire sur nous, pour nous désenchanter, l'effet de la baguette d'une fée?

» Le système représentatif n'est encore compris nulle part, pas même en Angleterre, où il ne le sera jamais, tant qu'y durera une révolution que quelques-uns de nos savans croient finie depuis long-temps. Heureusement il est, je crois, permis encore d'espérer que chez nous on finira par le comprendre.

» Un des premiers pas à faire, pour cela, c'est de tout sacrifier pour obtenir l'indépendance individuelle de tout électeur.

» Cette indépendance a pour ennemi l'esprit de faction; il faut donc commencer par imposer le mutisme à cet esprit usurpateur, qui n'élève la voix que pour dépouiller chaque citoyen de son droit d'élection, en ne faisant de lui que le séide d'un parti.

» La perfection du régime représentatif réside dans la parfaite indépendance de chacune des volontés, de chacune des influences qui le constituent. On ne se rapprochera de cette perfection que lorsque la plus légère atteinte à cette indépendance, la plus légère tentative, même d'électeur à électeur, pour capter un suffrage, seront considérées comme un délit anti-social, et punies irrémissiblement de la dégradation civique, et même plus sérieusement, selon les cas et les moyens employés pour opérer cette captation (1).

» Ces principes, que je crois les seuls vrais, je les ai proclamés, il y a trente-un ans. Comparez-les aux extravagances du temps qui court, et dites-moi si c'est à tort que j'évoque,

---

(1) « On me dira sans doute que je fais ici le procès au ministère, lequel, dans cette jonglerie, joue le rôle le plus actif pour faire tourner a son gré *la bataille des élections.* Mais qu'est-ce donc? Voudrait-on, par hasard, qu'il demeurât tranquille en présence des intrigues qui, de toutes parts, s'efforcent de pervertir toutes les consciences électorales et de fausser l'expression du vœu véritablement national? Le ministère doit contreminer les machinations des partisans de nos systèmes anarchiques; il serait coupable s'il ne le faisait pas. Le faisant, il ne doit négliger aucun des moyens qu'il a à sa disposition pour déjouer les combinaisons ennemies qu'il se voit forcé

dans ma dernière fable (1), un nouvel Apollonius pour nous ramener au bons sens.

» Non : on ne me persuadera jamais que ce qui se passe de nos jours soit un état social supportable ! Tel étant le système représentatif, il faudrait partout le honnir et le repousser comme un fléau abrutissant.

» Mais il n'est rien de tout cela.

» Il engendre le mutisme absolu et non le bavardage politique dont on nous assomme.

» Il donne à chacun le libre exercice de ses facultés individuelles, au lieu de les anéantir dans une fusion monstrueuse, pour en former la masse compacte d'une opposition systématique.

» Il ferme surtout la bouche aux journaux, particulièrement et spécialement en présence des colléges électoraux ou des chambres législatives en actuelle activité, au lieu de leur conférer le privilége absurde qu'ils s'arrogent de se prétendre plus sages que le prince, plus habiles que les ministres, plus clairvoyans que tous les pouvoirs de l'État. »

de combattre. Demandez aux meneurs des oppositions qui manœuvrent en sens inverse, si, ces moyens étant à leur portée, ils seraient assez généreux pour ne pas en user. Ceux qu'ils emploient sont bien autrement reprochables ! Le ministère ne devra rester absolument muet et impassible, en présence des colléges électoraux assemblés, que lorsque nulle intrigue n'agira ouvertement ou obscurément pour usurper sur eux le pouvoir de donner à la France une représentation digne d'elle. Or, cela n'aura lieu que lorsque tout électeur convaincu d'avoir communiqué, même à un de ses collégues, le choix qu'il se propose de faire, sera exclu du droit de voter, comme on récuse un juge qui a manifesté ses opinions sur une cause pendante devant lui, avant d'avoir à prononcer le jugement. Vous voulez des formes nouvelles, essayez de les avoir parfaites ; et, jusqu'à ce qu'elles le soient, sachez supporter les conséquences de leurs imperfections. »

(1) C'est à propos d'un appendice à mon *Recueil de Fables*, que j'ai écrit, en note, la citation par laquelle je termine cette brochure. Je profite de cette occasion pour rappeler que j'ai, depuis long-temps, proposé une souscription pour une nouvelle édition de mes *Fables*, augmentée d'environ soixante de ces opuscules, postérieurs à mon premier recueil, imprimé par P. Didot, l'aîné.

Les souscriptions que j'ai reçues ne suffisant pas pour me déterminer à entreprendre cette édition, je recevrai avec reconnaissance celles que voudront bien m'adresser les lecteurs de ce nouveau tribut de mon zèle pour la cause chère à tous les bons cœurs ainsi qu'à tous les esprits droits.

NOTICE

DES OUVRAGES DE L'AUTEUR,

Dont il reste encore quelques exemplaires, qu'on peut faire demander à son domicile, rue Richer, n°. 5.

Prix.

La Théorie des factieux dévoilée et jugée par ses résultats; 1 vol. in-8°. . . . . 5 f. » c.

Voyage en espagne en 1798; 1 vol. in-8°. . . . . . 7 »

Louis XVI, ou l'École des peuples; tragédie en cinq actes, *dédiée à* S. M. Louis XVIII. . . . . . 3 »

Diomédon, ou le pouvoir des lois; tragédie en cinq actes, *dédiée à M. le comte* de Saint-Roman, pair de France. . . . . 3 »

Théodebert, ou la Régence de Brunehaut; tragédie en cinq actes, *dédiée à* M. Étienne Aignan. 3 »

Arthur; tragédie en cinq actes, *dédiée à* S. A. R. Madame, duchesse de Berri. . . . . 3 »

Sapho, ou le Saut de Leucate; tragédie lyrique en trois actes. 2 50

Hélène; tragédie lyrique en cinq actes. 2 50

Le Mauvais Joueur; comédie en vers, en trois actes. . . . . 3 »

OEuvres dramatiques; 2 gros vol. in-8°. . . . . . 16 »

Mémoires historiques *du chev.* de Fonvielle, trois gros vol. in-8°. . . . . 28 »

Ode *à* Louis XVI *martyr* (1794). . . . . 1 »

Condé mourant, *Ode.* . . . . 1 »

Trois Poemes, *en stances régulières, sur* la guerre d'Espagne, chacun 1 fr. 25 cent. 3 75

Lucifer, ou la Contre révolution. . . . . 3 »

Appel au bon sens de certaines hérésies financières des plus pernicieuses; 1 vol. in-8°. . . . . . . 5 »

Trois Fables *extraites du portefeuille de* l'Académie des Ignorans. . . . . 1 »

Quelques Fables de plus, *pour servir à l'histoire de* la restauration. 2 50

Petit Supplément à Quelques Fables de plus, etc. 1 50

www.ingramcontent.com/pod-product-compliance
Lightning Source LLC
Chambersburg PA
CBHW071318030726
47594CB00002B/461